活动策划与执行大全

叶龙 ◎ 编著

清华大学出版社
北京

内 容 简 介

如何通过 AI 提升活动策划与执行的效率？本书通过 12 大领域的实战案例、18 章专题内容、20 多个 AI 工具、27 个应用案例，详细剖析了 AI 在活动策划与执行中的奥秘及诀窍，让您从新手快速成长为 AI 活动策划与执行的高手！本书具体内容围绕两条线展开：一是"技能线"，对 AI 活动策划与执行的各个层面进行了全面介绍，包括活动设计、日程安排、营销与推广、场地选择与布置、效果评估与优化，并通过 AI 工具的实际应用案例进行阐释；二是"案例线"，精选了广告、电商、零售、文艺、餐饮、旅游、酒店、汽车、互联网、影视、教培、展览等 12 个行业的热门 AI 活动策划与执行案例。

本书适合想要运用 AI 工具提升活动策划与执行效率的从业人员阅读，包括策划者、执行者、写作者、决策者、创业者、市场营销人员等，同时也可作为大专院校相关专业的教材。

本书封面贴有清华大学出版社防伪标签，无标签者不得销售。
版权所有，侵权必究。举报：010-62782989，beiqinquan@tup.tsinghua.edu.cn。

图书在版编目(CIP)数据

AI 活动策划与执行大全 / 叶龙编著. -- 北京 ：清华大学出版社, 2025. 5.
ISBN 978-7-302-68825-9
Ⅰ. C936-39
中国国家版本馆 CIP 数据核字第 20250SJ677 号

责任编辑：张　瑜
装帧设计：杨玉兰
责任校对：李玉茹
责任印制：沈　露

出版发行：清华大学出版社
网　　址：https://www.tup.com.cn, https://www.wqxuetang.com
地　　址：北京清华大学学研大厦 A 座　　邮　编：100084
社 总 机：010-83470000　　邮　购：010-62786544
投稿与读者服务：010-62776969, c-service@tup.tsinghua.edu.cn
质量反馈：010-62772015, zhiliang@tup.tsinghua.edu.cn

印 装 者：三河市科茂嘉荣印务有限公司
经　　销：全国新华书店
开　　本：170mm×240mm　　印　张：15.5　　字　数：291 千字
版　　次：2025 年 5 月第 1 版　　印　次：2025 年 5 月第 1 次印刷
定　　价：62.00 元

产品编号：107846-01

前言

活动策划文案怎么写？怎样执行一个实际操作的活动案例？创作过程中灵感枯竭，创新难以为继怎么办？如果你感觉自己也面临着这样的困境，请不要着急，因为有超过80%的策划与执行从业者都曾遇到过与你类似的问题。

下面是笔者整理出的活动策划与执行人员面临的一些痛点。

痛点一：活动策划过程细节繁杂。

有效策划一场活动需要准备大量表格，如流程控制表、工作人员表、物料表等。这些表格内容相互关联，整理起来费时费力，且容易出错。

痛点二：职场思维刻板局限，难以创新地完成活动策划与执行任务。

在快速变化的职场环境中，员工通常面临巨大的压力和紧迫的时间限制。而设计策划方案往往需要在短时间内完成，这种高压下的工作环境容易抑制创造力，导致人们陷入思维定式，难以突破现有的框架。

痛点三：案例执行逻辑笼统，行业庞杂，无法样样精通。

在当今快节奏的社会中，仅依赖一种手段是不够的。活动策划与执行领域涉及方方面面的知识，如果没有长期的学习和积累，很难迅速掌握各行各业的专业知识。面对陌生领域时，容易形成知识壁垒，导致信息断层。

本书旨在解决这些痛点，结合当前的信息和数据，通过AI的赋能，对AI活动策划与执行的经验进行总结，为想要从事AI活动运营的朋友们提供参考意见。

本书具有以下三大特色。

(1) 12大领域涉猎，全方位精准化剖析。本书从AI活动策划与执行涉及的领域中挑选出12大内容板块，涵盖了活动策划在当前几乎所有行业岗位的应用。本书精准聚焦广大读者在不同领域钻研过程中遇到的疑惑、思维局限和认知瓶颈，旨在帮助相关从业人员攻克难关，快速适应不同领域活动策划与执行的差异，一站式解决信息闭环的难题。

(2) 20多个好用的AI工具，提升效率。本书介绍了广受好评的AI工具，如文心一言、Kimi、豆包、天工AI、通义以及智谱清言等，这些工具功能各异，适用于不同的领域。通过这些工具可以生成各种活动策划案，便于活动策划者学习如何使用这些工具进行实际操作，使其全面了解不同工具的优势与策划案的核心内容，从而高效地完成工作与任务。

(3) 27个AI活动执行案例，全方位具体分析。本书提供了大量的图示案例，内容紧扣主题，每个AI活动执行的案例都独具匠心。通过分析这些活动案例的思维逻辑和 AI 应用手段，读者可以更深入地理解本书的主旨，并将其应用到具体操作中，从而积累一定的理论与经验。

关于提示词的使用：在使用 AI 技术生成文案、视频或图片时，即使是相同的文字描述和操作指令，AI 每次生成的内容也会有所不同。因此，通过本书进行学习时，请读者注意实践操作的重要性。

特别提示：在编写本书时，我们参考了当前各平台相关软件及其后台界面的最新信息，但从编写到出版需要一定的时间，这段时间内软件界面与功能可能会发生变化，这些变化可能是由软件开发商进行的更新。因此，我们建议读者在阅读本书时，能够根据书中的思路灵活运用，并关注最新的软件动态。

另外，由于篇幅限制，本书中 AI 工具回复的内容只展示了要点，详细的回复文案请看随书提供的完整效果文件。如果读者需要获取本书中的 AI 工具等赠送资源，请使用微信"扫一扫"功能扫描下方的二维码。

AI 活动策划资源.zip

本书由叶龙编著，参与编写的人员还有强兵等人，在此向他们表示衷心的感谢。由于笔者知识水平有限，书中难免有疏漏之处，恳请广大读者批评、指正。

编　者

目录

第 1 章 AI 赋能活动策划与执行 1

1.1 AI 活动策划的基本知识 2
- 1.1.1 什么是活动策划 2
- 1.1.2 当代 AI 技术的特点 3
- 1.1.3 AI 与活动策划的关系及其对活动策划的帮助 5
- 1.1.4 AI 参与活动策划的优势 7

1.2 AI 执行活动的流程 9
- 1.2.1 什么是活动执行 9
- 1.2.2 活动人员控制 9
- 1.2.3 活动节奏控制 10
- 1.2.4 活动的收尾工作 11

1.3 AI 在活动策划与执行中的角色 12
- 1.3.1 AI 作为创意辅助工具 12
- 1.3.2 AI 优化活动流程管理 12
- 1.3.3 AI 助力活动效果评估与反馈 13

本章小结 13
课后习题 13

第 2 章 AI 在活动设计中的需求分析与预测 15

2.1 需求分析与预测的重要性 16
- 2.1.1 精准定位活动目标 16
- 2.1.2 为活动设计奠定基础 16

2.2 AI 在活动需求分析中的应用场景 17
- 2.2.1 活动类型与主题策划 17
- 2.2.2 活动日程与流程优化 18
- 2.2.3 目标受众定位与细分 19
- 2.2.4 资源配置与预算管理 20

2.3 AI 在活动需求预测中的应用场景 20
- 2.3.1 趋势预测与市场分析 20

2.3.2 受众细分与偏好分析 21
2.3.3 服务优化与产品分析 21
2.3.4 AI 在活动需求预测中的核心技术 22
2.4 AI 工具在活动策划与执行中的应用 25
2.4.1 文心一言：策划案编写 25
2.4.2 Kimi：时间安排 26
2.4.3 天工 AI：预算分析 27
2.4.4 即梦 AI：生成视觉素材 29
2.4.5 可灵 AI：制作活动后期宣发视频 29
本章小结 30
课后习题 30

第 3 章 AI 在活动日程安排中的应用 31

3.1 活动日程安排面临的挑战与需求 32
3.1.1 传统日程安排的局限性 32
3.1.2 现代活动日程安排的多元化需求 32
3.2 AI 在活动日程安排中的应用 34
3.2.1 智能日程生成 34
3.2.2 冲突检测与解决 35
3.2.3 参与者互动与反馈机制 35
3.2.4 预测性日程优化 36
3.3 实施 AI 日程安排的步骤与策略 36
3.3.1 需求分析与规划 36
3.3.2 技术选型与工具部署 37
3.3.3 培训与用户支持 37
3.3.4 持续优化与迭代 37
本章小结 38
课后习题 38

第 4 章 AI 在活动营销与推广中的应用 39

4.1 活动营销的定义、类型及要素 40
4.1.1 活动营销的定义与类型 40
4.1.2 活动营销的核心要素 42
4.2 AI 在营销与推广中的技术应用 43
4.2.1 AI 在用户洞察与分析中的应用 44

  4.2.2 AI 在内容营销与广告投放中的应用 45
  4.2.3 AI 在营销效果评估与优化中的应用 46
4.3 AI 驱动的营销策略制定 47
  4.3.1 AI 在用户洞察与细分中的应用 47
  4.3.2 AI 驱动的个性化营销策略 48
  4.3.3 AI 在营销决策支持中的应用 50
  4.3.4 AI 驱动的营销策略实施与优化 50
本章小结 52
课后习题 52

第 5 章 AI 在活动场地选择与布置中的应用 53

5.1 活动场地选择的关键因素 54
  5.1.1 场地需求分析与匹配 54
  5.1.2 场地数据收集与分析 55
5.2 AI 在场地选择与布置中的技术支持 56
  5.2.1 活动类型与规模识别 57
  5.2.2 场地功能需求匹配 57
  5.2.3 用户偏好与行为分析 58
5.3 场地选择与布置工具介绍 59
  5.3.1 布局设计软件 59
  5.3.2 装饰与氛围营造工具 61
  5.3.3 项目管理工具 62
  5.3.4 智能化系统集成工具 62
本章小结 64
课后习题 64

第 6 章 AI 在活动效果评估与优化中的应用 65

6.1 活动效果评估的意义 66
  6.1.1 活动效果的定义与范畴 66
  6.1.2 评估的重要性与必要性 66
6.2 AI 在活动效果评估中的技术应用 68
  6.2.1 AI 在模型构建与优化中的应用 68
  6.2.2 AI 在数据收集与处理中的应用 70
6.3 基于 AI 的活动优化策略 71
  6.3.1 传统活动优化方法的局限性 71

  6.3.2　AI 在活动优化中的关键环节 71
 本章小结 72
 课后习题 72

第 7 章　广告行业的 AI 活动策划与执行 73

 7.1　AI 在广告行业中的应用与优势分析 74
  7.1.1　提升广告质量与效率 74
  7.1.2　创意技术平权化 75
  7.1.3　全链 AI 营销 75
 7.2　AI 在广告行业活动策划与执行中的作用 77
  7.2.1　精准定位目标受众 77
  7.2.2　智能投放与匹配 78
 7.3　使用文心一言策划广告行业活动 79
  7.3.1　AI 活动策划 1：广告展览 79
  7.3.2　AI 活动策划 2：数字广告 80
 7.4　广告行业的 AI 活动执行案例分析 82
  7.4.1　可口可乐：春节心愿团纹 82
  7.4.2　肯德基：与 AI 对话 83
  7.4.3　Silverside AI：用 AI 拓展图书的市场潜力 84
 本章小结 85
 课后习题 85

第 8 章　电商行业的 AI 活动策划与执行 87

 8.1　AI 在电商行业中的应用与优势分析 88
  8.1.1　优化运营效率 88
  8.1.2　增强风险管理 89
  8.1.3　创新业务模式 90
  8.1.4　精准市场预测与决策支持 90
 8.2　AI 在电商行业活动策划与执行中的作用 91
  8.2.1　资源分配与优化 91
  8.2.2　智能客服支持 92
  8.2.3　用户互动高峰时段监控 92
 8.3　使用文心一言策划电商行业活动方案 94
  8.3.1　AI 活动策划 1：品牌上新日 94
  8.3.2　AI 活动策划 2：工厂日 95

8.4 电商行业的 AI 活动执行案例分析 97
  8.4.1 英特尔：酷睿 Ultra AI 电商创意设计大赛 97
  8.4.2 美妆品牌 3CE：打造春日 AI 花神妆的新玩法 98
本章小结 99
课后习题 99

第 9 章 零售行业的 AI 活动策划与执行 101

9.1 AI 在零售企业中的应用与优势分析 102
  9.1.1 提升顾客购物体验 102
  9.1.2 优化库存管理 103
  9.1.3 智能化运营 103
9.2 AI 在零售企业活动策划与执行中的作用 103
  9.2.1 实时互动与反馈 104
  9.2.2 个性化服务 104
  9.2.3 自动化流程管理 104
9.3 使用 Kimi 策划零售行业活动方案 105
  9.3.1 AI 活动策划 1：促销活动 105
  9.3.2 AI 活动策划 2：折扣活动 106
9.4 零售行业的 AI 活动执行案例分析 108
  9.4.1 蒙牛："AI 营养师"打造健康服务体验 108
  9.4.2 家乐福：互动助手聊天机器人 Hopla 109
  9.4.3 BloomsyBox：利用生成式 AI 提升母亲节活动效果 110
本章小结 111
课后习题 111

第 10 章 文艺行业的 AI 活动策划与执行 113

10.1 AI 在文艺行业中的应用与优势分析 114
  10.1.1 创作效率与创意拓展 114
  10.1.2 艺术保护与修复 115
  10.1.3 艺术传播与交流 115
10.2 AI 在文艺行业活动策划与执行中的作用 116
  10.2.1 创意激发与方案制定 116
  10.2.2 重要表演或展览时段管理 118
10.3 使用 Kimi 策划文艺行业活动方案 119
  10.3.1 AI 活动策划 1：音乐会 119

        10.3.2　AI 活动策划 2：街头艺术表演 120
    10.4　文艺行业的 AI 活动执行案例分析 122
        10.4.1　INZ LAB：《时尚非遗·造物东方》AI 艺术展 122
        10.4.2　美图 WHEE：开展新锐 AI 设计师计划 123
    本章小结 124
    课后习题 124

第 11 章　餐饮行业的 AI 活动策划与执行 125

    11.1　AI 在餐饮行业中的应用与优势分析 126
        11.1.1　提升运营效率 126
        11.1.2　优化菜品研发与供应链管理 126
        11.1.3　提升食品安全与质量控制水平 127
    11.2　AI 在餐饮行业活动策划与执行中的作用 128
        11.2.1　市场分析与精准定位 128
        11.2.2　顾客互动与体验优化 128
    11.3　使用豆包策划餐饮行业活动方案 129
        11.3.1　AI 活动策划 1：菜品上新 130
        11.3.2　AI 活动策划 2：特色美食 132
    11.4　餐饮行业的 AI 活动执行案例分析 134
        11.4.1　麦当劳：用 AI 创新互动式农历新年活动 134
        11.4.2　雀巢：用 AI 打造品牌大促活动 135
        11.4.3　食验室：AI 承担包装设计的核心工作 136
    本章小结 137
    课后习题 137

第 12 章　旅游行业的 AI 活动策划与执行 139

    12.1　AI 在旅游行业中的应用与优势分析 140
        12.1.1　提升游客体验与满意度 140
        12.1.2　促进旅游产品创新与开发 140
    12.2　AI 在旅游行业活动策划与执行中的作用 141
        12.2.1　自动化运营 141
        12.2.2　营销与推广 141
    12.3　使用豆包策划旅游行业活动方案 142
        12.3.1　AI 活动策划 1：观光旅游 142
        12.3.2　AI 活动策划 2：生态旅游 143

12.4 旅游行业的 AI 活动执行案例分析 145
    12.4.1 哈尔滨冰雪大世界：AI 赋能 VR 沉浸式体验 145
    12.4.2 飞猪：AI 快速制作千张旅游景点创意广告图 146
本章小结 147
课后习题 147

第 13 章 酒店行业的 AI 活动策划与执行 149

13.1 AI 在酒店行业中的应用与优势分析 150
    13.1.1 优化运营效率 150
    13.1.2 提升顾客体验与服务品质 151
13.2 AI 在酒店行业活动策划与执行中的作用 151
    13.2.1 利用大数据分析顾客需求 152
    13.2.2 定制化服务体验策划 152
13.3 使用天工 AI 策划酒店行业活动方案 153
    13.3.1 AI 活动策划 1：酒店婚宴活动 153
    13.3.2 AI 活动策划 2：酒店主题活动 154
13.4 酒店行业的 AI 活动执行案例分析 156
    13.4.1 希尔顿酒店：礼宾机器人 Connie 提供优质服务 156
    13.4.2 纽约中心万豪酒店：Alexa 智能助理提升顾客体验 157
本章小结 158
课后习题 158

第 14 章 汽车行业的 AI 活动策划与执行 159

14.1 AI 在汽车行业中的应用与优势分析 160
    14.1.1 推动自动驾驶技术的发展 160
    14.1.2 推动智能网联与数据应用 161
14.2 AI 在汽车行业活动策划与执行中的作用 161
    14.2.1 智能预约与签到 162
    14.2.2 智能监控与反馈 162
14.3 使用天工 AI 策划汽车行业活动方案 163
    14.3.1 AI 活动策划 1：汽车试驾活动 163
    14.3.2 AI 活动策划 2：汽车展览活动 164
14.4 汽车行业的 AI 活动执行案例分析 166
    14.4.1 吉利："AI＋视觉"打造熊猫卡丁新品 166
    14.4.2 梅赛德斯·奔驰：用 AI 打造个性化车内体验活动 167

本章小结 168
课后习题 168

第 15 章　互联网行业的 AI 活动策划与执行 169

15.1　AI 在互联网行业中的应用与优势分析 170
15.1.1　高效、精准的数据分析 170
15.1.2　提升品牌形象与市场认知 171

15.2　AI 在互联网行业活动策划与执行中的作用 172
15.2.1　内容创新 172
15.2.2　自动化任务处理 172

15.3　使用通义策划互联网行业活动方案 173
15.3.1　AI 活动策划 1：网络推广 174
15.3.2　AI 活动策划 2：互联网创新大赛 175

15.4　互联网行业的 AI 活动执行案例分析 176
15.4.1　微软：用 AI 分享新年节日记忆活动 177
15.4.2　网易严选：用 AI 创作主题曲《如期》 178

本章小结 179
课后习题 179

第 16 章　影视行业的 AI 活动策划与执行 181

16.1　AI 在影视行业中的应用与优势分析 182
16.1.1　拓展创作方式与创作空间 182
16.1.2　促进艺术性与技术性的平衡 182

16.2　AI 在影视行业活动策划与执行中的作用 183
16.2.1　创意生成与评估 184
16.2.2　智能拍摄与创作 184

16.3　使用通义策划影视行业活动方案 185
16.3.1　AI 活动策划 1：颁奖典礼 185
16.3.2　AI 活动策划 2：影视作品展映 186

16.4　影视行业的 AI 活动执行案例分析 188
16.4.1　上海电影集团：启动"iPAi 星球计划" 188
16.4.2　博纳影业：AIGC 连续性叙事科幻短剧集 189

本章小结 190
课后习题 190

第 17 章　教培行业的 AI 活动策划与执行 191

17.1　AI 在教培行业中的应用与优势分析 192
17.1.1　教育管理自动化 192
17.1.2　辅助课程与教案开发 192

17.2　AI 在教培行业活动策划与执行中的作用 193
17.2.1　课程与资源推荐系统 193
17.2.2　跨平台活动整合策略 194

17.3　使用智普清言策划教培行业活动方案 194
17.3.1　AI 活动策划 1：校庆活动 194
17.3.2　AI 活动策划 2：招生活动 196

17.4　教培行业的 AI 活动执行案例分析 197
17.4.1　清华大学：用 AI 实现多元化教学场景 197
17.4.2　北京大学：AI 助教让学生学习更轻松 198

本章小结 199
课后习题 199

第 18 章　展览行业的 AI 活动策划与执行 201

18.1　AI 在展览行业中的应用与优势分析 202
18.1.1　创造沉浸式体验 202
18.1.2　会展信息管理的优化 202

18.2　AI 在展览行业活动策划与执行中的作用 203
18.2.1　智能导览与互动 203
18.2.2　实时翻译与语言支持 203

18.3　使用智普清言策划展览行业活动方案 204
18.3.1　AI 活动策划 1：博览会 204
18.3.2　AI 活动策划 2：研讨会 205

18.4　展览行业的 AI 活动执行案例分析 207
18.4.1　野小慧：女性 AI 艺术展 207
18.4.2　服贸会：七大创新应用体验中心展区 208

本章小结 209
课后习题 209

课后习题答案 210

第 1 章

AI 赋能活动策划与执行

随着科技的飞速发展，AI（Artificial Intelligence，人工智能）正以全新的方式重塑活动策划与执行的每一个环节。本章将介绍 AI 如何以其独特的优势，从活动策划的创意激发到执行的精准管理等，全方位赋能活动产业，揭示 AI 技术在活动策划中的核心作用，分析其如何融合现代 AI 技术的特点，助力活动从概念到落地的每一个环节都变得更加高效、智能。

1.1　AI 活动策划的基本知识

在当今市场，活动策划已成为推动品牌传播、增强用户体验的关键环节，而 AI 的融入为活动策划领域带来了变革与机遇。本节将详细介绍 AI 活动策划的技巧和知识，深入揭示 AI 与活动策划之间的紧密联系，并阐述 AI 如何作为强大助力，优化策划流程，提升创意水平。通过分析，本节将详尽阐述 AI 参与活动策划所带来的显著优势，为读者呈现一个更加高效、智能且富有创意的活动策划新图景。

1.1.1　什么是活动策划

活动策划是指为了达成特定目标或效果，依据相关理论与实践经验，对一系列行动方案进行精心设计与系统规划的综合性过程。图 1-1 所示为活动策划的步骤。

在活动策划的每一个环节都需要注意细节和风险管理。市场环境的变化、目标受众的偏好，以及资源条件的限制等因素都可能对活动产生影响。因此，策划者需要具备敏锐的市场洞察力、深入的目标受众分析能力及灵活的资源调配能力，以应对各种挑战和不确定性。

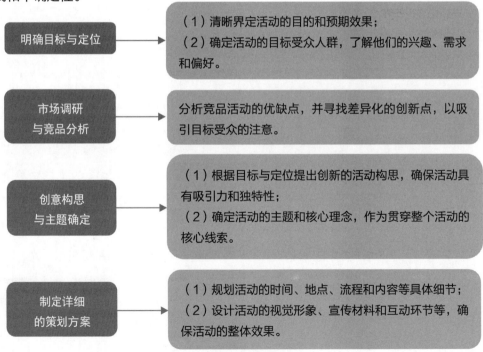

图 1-1　活动策划的步骤

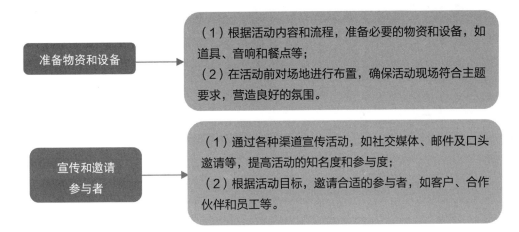

图 1-1　活动策划的步骤（续）

此外，注重团队协作和沟通是活动策划成功的关键。只有团队成员之间紧密配合、相互支持，才能共同创造出精彩纷呈的活动成果。

1.1.2　当代 AI 技术的特点

当代 AI 技术正以飞快的速度发展，并展现出诸多特点。下面是对当代 AI 技术特点的详细阐述。

1. 自主学习和适应能力

AI 能够根据不断增加的数据进行自主分析，进而学习并调整自身的算法模型，从而具备更强的适应能力。这种能力使得 AI 能够在复杂多变的环境中持续优化，不断提升性能。

2. 高效的数据处理能力

AI 能够处理大量的数据，进行快速准确的信息抽取、分类、挖掘和分析。这种能力使得 AI 在大数据时代显得尤为重要，为各行各业提供了强大的数据支持。

借助高效的算法和强大的计算能力，AI 能够实时处理数据，并快速响应各种变化。图 1-2 所示为 AI 进行数据处理的示例图。

3. 决策能力和自主规划能力

AI 可以基于先前获得的知识和信息，自主进行推理和决策，从而提供更高效的解决方案。这种能力使得 AI 在复杂问题求解、策略规划等方面表现出色。

AI 不仅能够自主决策，还能为人类提供决策支持。例如，在医疗领域，AI 可以辅助医生进行疾病诊断、治疗方案制定等，大大缩短了病人的问诊时间与医生的处方时间。图 1-3 所示为 AI 辅诊的功能示例图。

图 1-2　AI 进行数据处理的示例图

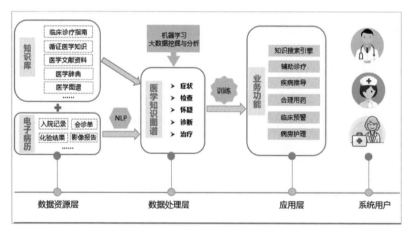

图 1-3　AI 辅诊的功能示例图

4. 人机交互与自然语言处理能力

AI 可以通过语音识别、音频识别和视觉交互等多种方式与人类进行交互，从而使人机交互更加自然、便捷。此外，AI 具备自然语言处理能力，能够理解和分析人类的语言输入，完成自然语言分析、语义理解等工作。这种能力为 AI 在智能客服、语音助手等领域的应用提供了有力支持。图 1-4 所示为小达智能客服的咨询界面。

图 1-4 小达智能客服的咨询界面

5. 自动化和智能化

AI 技术能够实现机器的自动化控制,降低人类劳动强度。例如,在制造业中,AI 控制的机器人可以完成精密加工、装配等任务。

AI 不仅实现了机器的自动化,还推动了机器的智能化升级。通过不断学习和优化,AI 能够不断提升自身的智能水平,从而为人类创造更大的价值。

6. 保密性和安全性

在 AI 系统中,保密性和安全性至关重要。AI 需要在保证数据完整性和隐私性的前提下进行数据交互与应用。AI 还具备安全防护能力,能够识别和抵御各种网络攻击与恶意行为,确保系统的稳定运行和数据安全。

1.1.3 AI 与活动策划的关系及其对活动策划的帮助

活动策划作为营销和传播的重要环节,与 AI 的结合正日益紧密。AI 技术以独特的优势,为活动策划注入了新的活力。下面将详细介绍 AI 与活动策划之间的联系,以及 AI 如何为活动策划提供有力帮助。

1. AI 与活动策划的紧密联系

AI 与活动策划有着密不可分的联系,下面从 3 个方面进行说明。

1)智能化策划流程

AI 技术的引入使活动策划的各个环节实现了智能化。从需求分析、方案制定、资源整合到执行监控，AI 都能发挥重要作用。通过大数据分析，AI 能够精准把握目标受众的需求和喜好，为活动策划提供科学依据。同时，AI 还能自动生成创意文案、设计海报（见图 1-5）等，极大地提高了策划效率。

图 1-5　AI 生成的设计海报

2）个性化体验升级

AI 技术的应用使活动策划更加注重参与者的个性化体验。通过智能推荐系统，AI 能够根据参与者的兴趣和需求，为他们提供定制化的活动内容和服务。

3）实时互动与反馈

AI 技术还使得活动策划中的互动环节更加实时与高效。通过智能问答、语音识别等技术，AI 可以实时解答参与者的疑问，并提供个性化的帮助。图 1-6 所示为 AI 语音识别系统的效果呈现。

图 1-6　AI 语音识别系统的效果呈现

同时，AI 还能收集和分析参与者的反馈数据，为活动策划者提供实时调整和优化建议，确保活动的顺利进行和效果的最大化。

2. AI 对活动策划的帮助

AI 不仅可以提高活动策划的效率，还能精准定位目标受众并进行智能化的运营与管理，这对活动策划提供了极大的帮助。具体表现如下。

1）提高策划效率

AI 技术的自动化和智能化特性使得活动策划的各个环节更加高效。例如，AI 可以自动生成任务流程图、场地选择方案及日程安排等，减轻了策划者的工作负担。图 1-7 所示为 AI 生成的流程图示例。

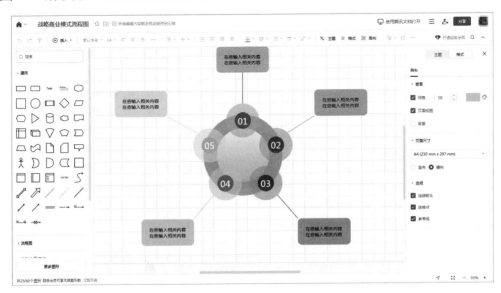

图 1-7　AI 生成的流程图示例

2）精准定位目标受众

通过大数据分析，AI 能够精准把握目标受众的特征和需求，为活动策划者提供了重要的参考依据，使他们能够制定出更符合目标受众喜好的活动方案。例如，在营销活动中，AI 可以分析潜在客户的兴趣爱好、购买行为等数据，为活动策划者提供精准的市场定位和营销策略。

3）智能化管理与运营

AI 技术的应用使得活动策划的管理和运营更加智能化。通过智能监控系统、人脸识别技术等，AI 可以对活动场地进行智能化管理，确保活动的顺利进行。同时，AI 还能实现自动化注册、登录和签到等功能，从而提升活动的管理效率。

1.1.4　AI 参与活动策划的优势

AI 的参与不仅为活动策划带来了全新的视角和工具，还极大地提升了活动的效率、精准度和创新性。下面将详细分析 AI 参与活动策划的几大优势。

1. 精准数据分析，洞察市场趋势

AI 通过大数据分析和机器学习技术，能够精准地分析目标受众的行为模式、兴趣偏好以及市场趋势。这种深度洞察为活动策划者提供了宝贵的参考依据，使他们能够更准确地把握市场需求，制定出符合受众喜好的活动方案。

2. 自动化流程，提升工作效率

AI 的自动化特性极大地简化了活动策划的烦琐流程，从活动方案的初步构思到执行细节的落实，AI 都能提供智能化的辅助。例如，AI 可以自动生成活动日程表、场地布置图和嘉宾邀请函等文档，从而减轻策划者的工作负担。同时，AI 还能自动化处理报名信息、票务管理和现场签到等事务，进一步提升活动组织的整体效率。

3. 个性化定制，增强用户体验

AI 技术使得活动策划更加注重参与者的个性化体验。通过智能推荐系统、语音识别和人脸识别等技术，AI 能够为每位参与者提供定制化的活动内容和服务。例如，在展览会上，AI 可以根据参观者的兴趣和历史行为数据，为他们推荐感兴趣的展品和讲座。这种个性化定制不仅提升了参与者的满意度和忠诚度，还增强了活动的吸引力和影响力。

4. 实时反馈与调整，优化活动效果

AI 的实时数据分析能力使得活动策划者能够及时了解参与者的反馈和行为数据，从而快速调整和优化活动方案。这种实时反馈机制有助于策划者及时发现问题、解决问题，确保活动的顺利进行和效果的最大化。

5. 创新创意，激发无限可能

AI 的创造力同样不容小觑，通过深度学习等先进技术，AI 能够生成创意文案、设计方案等内容，为活动策划者提供新的灵感和思路。这种创新创意不仅丰富了活动的内容和形式，还使活动策划更具有前瞻性和竞争力。

6. 降低人力成本，提高经济效益

AI 的参与还有助于降低活动策划的人力成本，提高经济效益。通过自动化处理大量重复性工作，精准分析市场趋势和受众需求等手段，AI 能够减少人为错误和浪费资源的情况发生。同时，AI 的个性化定制和实时反馈机制也有助于提高活动的参与度和转化率，从而增加活动的经济效益。

1.2　AI 执行活动的流程

在未来活动策划与执行的新篇章中，人工智能的角色日益重要，其智能化、高效化的特点为活动管理带来了革命性的变革。

活动执行作为整个活动生命周期中的关键环节，不仅考验着团队的协作能力与应变能力，更对活动的成功与否起着决定性的作用。而 AI 的加入，以其强大的数据处理能力、自动化操作及智能决策支持，为活动执行赋予了活力。

本节将全面介绍 AI 在活动执行流程中的应用知识，从人员控制到活动过程的节奏控制，再到最终收尾，展示 AI 技术的应用潜力。

1.2.1　什么是活动执行

活动执行涵盖了活动筹备、现场管理、流程控制、人员调度、资源分配以及应急处理等多个方面，是活动成功举办的直接保障。活动执行不仅需要周密的计划和细致的安排，还需要活动人员有高效的执行力和灵活的应变能力，以应对现场可能出现的各种突发情况。

在这个过程中，活动执行团队需要紧密合作，确保活动的每一个环节都能按照既定计划顺利进行。他们需要与供应商、嘉宾及参与者等多方沟通、协调，确保资源到位、信息畅通。同时，活动执行人员还需要具备丰富的现场管理经验和敏锐的洞察力，能够及时发现并解决问题，确保活动的顺利进行。

AI 技术的应用使得活动执行更加智能化、高效化，能够自动处理大量数据，优化资源配置和预测潜在风险，并为活动执行团队提供实时的决策支持。因此，了解并掌握 AI 在活动执行中的应用，对于提升活动管理水平、增强活动效果和确保活动顺利运行具有重要意义。

1.2.2　活动人员控制

活动人员控制是活动执行过程中的重要环节，它直接关系到活动的安全、秩序和效果。合理的活动人员控制可以确保活动的顺利进行，提高参与者的满意度，并保护所有参与者的安全和权益。下面详细阐述对活动人员进行控制的重要性和方法。

1. 活动人员控制的重要性

（1）确保安全。通过控制活动现场的人员数量、分布和流动，可以避免因人员过于密集而引发的安全事故，如踩踏事件、火灾等。

（2）维护秩序。有效的人员控制有助于维护活动现场的秩序，减少因混乱导致的不便和冲突。

（3）提升体验。合理的人员分布可以增加参与者的互动机会，提升他们的参与感和满意度。

2. 活动人员控制的方法

活动人员控制的方法包括以下 8 个步骤。

（1）确定场地容量。根据活动场地的实际情况确定最多容纳人数，以确保活动不会因人数过多而超出场地负荷。

（2）设定人员流动场景路线。规划清晰的人员流动路线，以减少交叉流动和拥堵。

（3）安保人员部署。在活动现场部署足够的安保人员，负责维持秩序、疏导人流和应对突发事件。

（4）分区管理。将活动现场划分为不同的区域，每个区域设置专门的管理人员，负责该区域的人员控制和秩序维护。

（5）使用人数统计设备。在活动现场安装人数统计设备，实时监测并调整人流，确保场地的安全和舒适。

（6）利用大数据分析。通过大数据分析预测活动人数和趋势，为人员控制提供科学依据。

（7）制定应急预案。针对可能出现的突发情况（如人员拥挤、突发事件等），制定详细的应急预案，并进行演练。

（8）设置紧急疏散通道。在活动现场设置明显的紧急疏散通道和指示标识，确保在紧急情况下能够迅速疏散人员。

1.2.3　活动节奏控制

活动节奏控制是确保活动顺利进行、保持参与者兴趣与注意力的关键环节。在活动策划与执行过程中，通过合理的节奏安排和调控，可以使活动更加紧凑有序，从而提升参与者的体验感和满意度。下面详细阐述活动节奏控制的方法。

（1）明确时间规划。在活动筹备阶段，制定详细的时间规划表，明确每个环节的开始和结束时间，以及各环节之间的过渡时间。这需要确保时间规划合理可行，同时充分考虑各种不确定因素，并为可能的延误预留缓冲时间。

（2）合理安排活动流程。根据活动的性质和目的，合理安排活动的流程和环节，确保各个环节之间逻辑清晰、衔接紧密。同时，避免活动流程过度紧凑或过于松散，以保持适度的节奏感。

（3）使用科技手段辅助。利用现代科技手段，如电子计时器、倒计时屏幕等，实时显示活动进度和剩余时间，帮助参与者把握节奏。同时，通过音乐、灯光等调节活动的氛围和节奏，使参与者更加投入。

（4）加强现场管理与协调。安排专人负责现场管理和协调，确保活动按照既定节奏进行，及时处理突发情况，并调整活动节奏，以应对意外变化。

（5）注重参与者反馈。在活动过程中，密切关注参与者的反应和反馈，及时调整活动节奏，以满足他们的需求和期望。通过问卷调查、现场互动等方式收集参与者的意见，为未来的活动节奏控制提供参考。

1.2.4 活动的收尾工作

一场活动的圆满收尾是对为此活动付出的人力、物力的回报与交代，它与活动过程同等重要。这不仅关乎活动的整体效果，还直接影响参与者的体验和后续反馈。下面简要介绍活动收尾工作的流程。

1. 活动结束阶段的准备

活动结束阶段的准备分为以下5个部分。

（1）确定结束时间与地点。在活动结束前，需要明确活动结束的具体时间和地点，并与场地管理方及参与者进行沟通，确保活动能够顺利且有序地结束。

（2）准备感谢词与致辞。根据活动主题和氛围，准备合适的感谢词和致辞，向参与者、合作伙伴及工作人员表达感谢和敬意，增强活动的情感共鸣。

（3）现场拍摄与合影。安排专业摄影师进行现场拍摄，捕捉活动的精彩瞬间，并在活动结束时组织参与者进行集体合影，留下美好的回忆。

（4）整理活动资料。集中整理活动期间的资料、文件和数据，包括照片、视频和记录等，并妥善保管，为后续总结和分析提供基础。

（5）清理场地与设备。对活动现场与使用的设备进行清理和整理，确保无遗漏和损坏，恢复场地原貌，为场地管理方和其他活动提供便利。

2. 活动评估与总结

活动评估与总结是对一场活动结束的反思和总结，具有重要的作用。它包括以下4个方面。

（1）目标达成评估。对活动达成的目标进行分析和评估，查看活动是否达到预期效果，包括参与人数、满意度和品牌影响力等方面。

（2）参与者反馈收集。通过问卷调查、面对面交流以及社交媒体反馈等方式收集参与者的意见和提议，了解他们对活动的评价和建议。

（3）团队表现评估。评估策划团队在活动过程中的表现，总结优点和不足之处，为团队提升提供参考。

（4）经费预算核对。查看活动的经费预算和实际开支是否一致，如有差异需进行合理解释，确保财务透明与合规。

3. 活动回馈与延续

活动的回馈与延续是活动收尾的最后一部分，下面从 3 个方面对其进行解释。

（1）给参与者奖励与纪念品。根据参与者的贡献和表现给予适当的奖励及纪念品，以表达对他们的感谢和认可。

（2）总结报告与分享。发布活动的总结报告和经验分享，并通过新闻媒体、论坛和网站等渠道进行传播，供其他人参考和学习。

（3）经验交流与培训。组织经验交流会或座谈会，邀请专业人士和策划团队成员分享经验与教训，以促进团队成长和进步。

1.3 AI 在活动策划与执行中的角色

在当今这个科技飞速发展的时代，AI 在活动策划与执行领域扮演着重要角色，它不仅是用户工作构思的得力助手，还在活动中发挥着调控与引领的关键作用。

AI 正以独特的优势逐步改变传统活动策划与执行的面貌，从创意的激发到流程的优化，再到效果的评估，每一个环节都展现出了强大潜力。本节将介绍 AI 在活动策划与执行中扮演的三大角色，旨在帮助读者更全面深入地了解 AI 的赋能作用。

1.3.1　AI 作为创意辅助工具

在活动策划的初期，创意是灵魂所在。然而，面对日益激烈的市场竞争和用户愈发挑剔的口味，如何产生新颖、独特的创意成了活动策划者面临的一大挑战，此时 AI 作为创意辅助工具的价值便凸显出来。

AI 能够分析海量的市场数据、用户行为以及行业趋势，从中挖掘出潜在的热点和受众偏好。基于这些数据，AI 能够生成一系列创意提案，为活动策划者提供灵感。这些提案可能包括活动主题、内容、形式和互动环节等多个方面，帮助策划者打破思维定式，创作出更加符合市场需求和受众喜好的活动方案。

另外，AI 还能够通过自然语言处理、图像识别等技术，对已有的创意进行深度分析和优化。它可以帮助策划者发现创意中的不足之处，并提供改进建议，从而使创意更加完善，更具吸引力。

1.3.2　AI 优化活动流程管理

AI 能够自动处理许多烦琐的流程任务，如日程安排、资源调配以及任务分配等。通过智能算法，AI 能够根据活动的实际情况和需求，自动调整和优化流程安排，确保每个环节都能够按时、按质完成。同时，AI 还能够实时监控活动的进展情况，及时发现并处理潜在的问题和风险，为活动的顺利进行提供有力保障。

另外，AI 还能够通过数据分析，为活动策划者提供流程优化的建议。它可以根据历史数据和当前情况，预测未来可能出现的问题和面临的挑战，并提前制定相应的应对策略。这种前瞻性的管理方式，使得活动策划者能够更加从容地应对各种复杂情况，确保活动圆满成功。

1.3.3　AI 助力活动效果评估与反馈

活动结束后，效果评估与反馈是不可或缺的一环。通过评估活动的成果和效果，活动策划者可以了解活动的优点和不足，从而为未来的活动提供改进方向。然而，传统的效果评估方式往往存在数据收集不全、分析不深入等问题，此时 AI 的引入为活动效果评估与反馈带来了全新的解决方案。

AI 能够自动收集活动期间的各类数据，如参与度、满意度和转化率等关键指标。通过智能分析这些数据，AI 能够生成详尽的评估报告，为活动策划者提供全面的效果分析。这些报告不仅展示了活动的整体表现，还深入分析了各个环节的优缺点和影响因素，为策划者提供了宝贵的参考意见。

另外，AI 还能够根据评估结果，为活动策划者提供有针对性的改进建议。它可以根据活动的实际情况和需求，提出优化方案和改进措施，帮助策划者不断提升活动的质量和效果。这种即时反馈机制，使得活动策划者能够迅速调整策略，不断优化未来的活动方案。

本 章 小 结

本章详细介绍了 AI 在活动策划与执行中的基本知识。首先阐述了活动策划的步骤，接着进入进阶阶段，介绍了 AI 活动策划与执行的相关细则。通过本章内容的学习，读者可以掌握 AI 在活动策划中的优势，同时了解 AI 执行活动的全流程，包括人员与节奏控制，以及收尾工作，明确 AI 在创意辅助、流程优化以及效果评估等方面的关键作用，为在工作中利用 AI 技术提升活动管理水平打下坚实的知识基础。

课 后 习 题

1. 简要说明活动策划的定义。
2. 列出 AI 参与活动策划的优势。

第 2 章

AI 在活动设计中的需求分析与预测

在数字化转型的浪潮中，AI 深刻影响着活动设计的核心环节——需求分析与预测。本章旨在揭示 AI 技术在精准定位活动目标、奠定设计基础中的独特作用，通过探讨 AI 在趋势预测、受众细分等多元场景中的应用，展现 AI 如何助力活动策划者洞察未来，优化资源配置，提升活动成效，最终引领活动设计进入智能化新纪元。

2.1 需求分析与预测的重要性

在瞬息万变的商业环境中，活动设计与执行得是否成功，往往取决于前期需求分析与预测的精准度。这一环节不仅能够帮助活动设计者深入了解市场趋势，把握消费者心理，还能够为活动的后续设计提供有力的数据支持和方向指引。本节将从精准定位活动目标和为活动设计奠定基础两个方面介绍需求分析与预测的重要性。

2.1.1 精准定位活动目标

精准定位活动目标是需求分析与预测的首要任务。活动设计者需要广泛收集市场数据，这包括但不限于行业趋势、市场规模和增长率等宏观指标，以及用户行为、偏好和需求等微观层面的信息。

同时，用户反馈也是不可忽视的宝贵资源。通过问卷调查、社交媒体监听和客户访谈等多种渠道，活动设计者能够直接聆听用户的声音，了解他们对活动的期待、担忧和建议。这些信息为活动设计者提供了宝贵的灵感来源，帮助他们更加贴近用户的内心世界，从而设计出更符合用户需求的活动方案。

另外，对竞争对手的深入分析也是精准定位活动目标的重要一环。通过了解竞争对手的优势、劣势及市场策略等信息，活动设计者能够清晰地认识到自身在市场中的位置，从而制定出差异化的竞争策略。这种策略不仅能够帮助活动在众多同类活动中脱颖而出，还能够增强活动的吸引力和竞争力。

在充分掌握市场数据、用户反馈及竞争对手信息的基础上，活动设计者能够清晰地识别出活动的潜在受众、核心价值和竞争优势，这些关键要素共同构成了活动目标的基石。接下来，需要进一步明确活动的短期目标与长期目标：短期目标可能包括提升品牌知名度、促进产品销售等具体指标；长期目标则可能涉及增强用户黏性、构建品牌忠诚度等更深层次的目标。这不仅能够确保活动内容与目标受众的高度契合，还能够为活动效果的评估提供明确的参照标准。在活动执行过程中，策划者可以根据这些目标来制定具体的评估指标和衡量标准，以便及时监测活动进展，调整策略方向，并优化活动效果。

2.1.2 为活动设计奠定基础

通过深入的市场调研与数据分析，活动设计者能全面把握市场需求与用户偏好的细微变化。这种对市场的深刻理解，让活动设计者清晰地看到目标受众的真实需求与潜在期望。基于这样的洞察，活动设计者能够制定出更贴近市场、更符合用户品位的活动策略，确保活动在激烈的市场竞争中脱颖而出。

在活动形式的选择上，需求分析与预测同样发挥着不可替代的作用。活动设计者会根据市场趋势、消费者喜好及活动目标，精心挑选最适合的活动形式。无论是线上互动、线下体验，还是跨界合作、公益活动等，每一种形式的选择都旨在最大限度地吸引目标受众的参与，提升活动的互动性和传播力。

另外，活动流程的安排也是活动设计中至关重要的一环。活动设计者需要综合考虑时间、地点、人员和物资等多方面因素，确保活动流程的顺畅与高效。而需求分析与预测为这一过程提供了有力的支持。通过预测潜在的风险与挑战，活动设计者能够提前制定应对措施，避免活动执行过程中出现不必要的混乱与延误。这种前瞻性的规划能力，不仅提升了活动的整体稳定性，也增强了活动设计者的应变能力和风险控制能力。

更为重要的是，需求分析与预测所蕴含的数据驱动设计思路，为活动设计带来了全新的视角和灵感。活动设计者不再仅依靠经验和直觉来制定活动方案，而是更注重数据的收集、分析与应用。这种基于事实的决策方式，不仅提升了活动的创意性和吸引力，还使活动效果更加可预测、可评估。同时，它也降低了活动执行过程中的不确定性和风险性，为活动的成功实施提供了有力的保障。

2.2 AI 在活动需求分析中的应用场景

在活动策划与执行的广阔舞台上，AI 正逐步成为引领创新与效率提升的关键力量。活动需求分析是确保活动成功的基石，它涵盖了从活动构思到执行的全过程，要求策划者具备敏锐的市场洞察力、精准的受众分析能力及高效的资源调配能力。而 AI 技术的融入，为这一复杂过程带来了前所未有的智能与灵活性。

本节将通过分析活动类型与主题策划、活动日程与流程优化、目标受众定位与细分、资源配置与预算管理等关键环节，揭示 AI 如何助力活动策划者更加精准地把握活动需求，优化活动方案，确保活动的顺利进行与取得圆满成功。

在这个过程中，AI 不仅提升了分析的速度与精度，更以独特的算法与模型，为活动策划者提供了前所未有的决策支持与创意灵感。

2.2.1 活动类型与主题策划

活动类型与主题策划是活动成功的第一步。AI 通过分析历史活动数据、市场趋势及受众偏好，能够智能推荐适合的活动类型和主题。这种定制化设计活动的方法，确保活动内容与受众需求高度契合，从而激发受众的参与热情及共鸣。图 2-1 所示为 AI 定制化活动示例。

图 2-1　AI 定制化活动示例

AI 还具有精准、迅捷的运算能力。通过对海量数据的分析，AI 能够揭示出活动成功的关键因素，如哪些类型的活动更受欢迎，哪些主题能够引发广泛共鸣。这种基于数据的洞察，为活动策划者提供了科学的决策依据，帮助他们避免盲目跟风，确保活动类型与主题的独特性和创新性。

同时，AI 还密切关注市场动态与趋势，实时捕捉社会热点与行业风向标。借助自然语言处理、情感分析等先进技术，AI 能够精准识别出当前流行的文化元素、社会议题及行业前沿动态。这些信息不仅为活动策划者提供了丰富的创意素材，还帮助他们把握时代脉搏，从而设计出既符合潮流又具前瞻性的活动类型和主题。

2.2.2　活动日程与流程优化

活动日程与流程优化是确保活动从筹备到执行全过程顺畅无阻的核心环节。在这一复杂而精细的过程中，AI 以强大的数据处理、模拟预测及实时响应能力，发挥着不可或缺的作用。

（1）AI 能够全面而深入地分析活动规模、场地条件和人员安排等多种关键因素，这是制定合理日程与流程的基础。通过集成先进的数据分析算法，AI 能够精确计算各项活动所需的时间、空间及人力资源，确保资源分配的合理性与高效性。在此基础上，AI 利用复杂的优化算法自动生成最优化的日程安排和流程设计，最大限度地减少时间浪费与资源冲突。

（2）为了进一步确保活动流程的顺畅进行，AI 还具备强大的模拟预测能力。通过构建虚拟的活动执行环境，AI 能够模拟不同场景下的活动执行情况，包括人员流动、设备使用和场地布局等多个方面。图 2-2 所示为 AI 构建的虚拟实验环境。

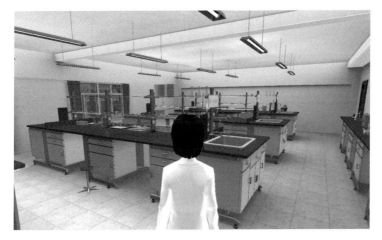

图 2-2　AI 构建的虚拟实验环境

（3）在模拟过程中，AI 能够识别并预测潜在的冲突和瓶颈，如人员拥挤、设备故障或场地不足等问题。基于这些预测结果，AI 能够提前制定应对措施，有效避免活动实际执行过程中的突发状况，确保活动的顺利进行。

除了事前预测与规划外，AI 还能在活动执行过程中实时监控活动进度。通过集成物联网、传感器等先进技术，AI 能够实时收集活动现场的各项数据，如人员到场情况、设备运行状态和场地使用情况等。基于这些数据，AI 能够动态分析活动进度与预期目标的偏差，及时发现并解决问题。

2.2.3　目标受众定位与细分

精准的目标受众定位与细分作为活动策划与执行的基石，其重要性不言而喻。在竞争日益激烈的市场环境中，准确识别并锁定最具价值的潜在参与者，对于活动的成功至关重要。AI 技术的引入，特别是依托强大的大数据分析能力，为这一过程带来了革命性的变化。

AI 通过海量的数据收集与处理能力，能够深入分析目标群体的多维度特征。这些特征不仅包括受众的基本信息（如年龄、性别、地域和职业等），还涵盖了他们的兴趣偏好（如娱乐、科技和时尚等兴趣领域）、消费习惯（如购买频率、品牌忠诚度和消费能力等），以及在线行为模式（如浏览记录、互动偏好和社交媒体活跃度等）。这种全面的分析为活动策划者构建了一幅详尽的受众画像，使得每一个目标群体都被精准地定义和区分。

基于这样的精准细分，AI 不仅能够识别出不同受众群体的共性需求，更能洞察他们独特的个性化需求。随后，AI 算法会依据这些洞察，为策划者提供量身定制的营销策略建议。这些建议可能包括内容创意的个性化定制（如根据受众兴趣定制活动主题或宣传素材）、渠道选择的优化（如选择最适合目标受众群体的传播平台）、互动方式的创新（如设计能够激发受众兴趣的互动环节），以及时间节点的精准把控（如在受众最活跃的时间段推送活动信息）等。

2.2.4 资源配置与预算管理

　　AI 以卓越的数据处理与分析能力，成为资源配置的得力助手。在活动策划初期，AI 能够自动收集并整合活动所需的各种资源信息，包括但不限于人力资源的专长与可用性、物力资源的种类与数量，以及财力资源的预算额度等。

　　随后，AI 运用先进的智能算法，对这些复杂数据进行深度挖掘与分析，精准识别各项资源之间的关联性与互补性。基于这些分析结果，AI 能够迅速生成最优的资源配置方案，确保每一项资源都能得到最合理、最有效的利用。

　　同时，AI 还能实时监控预算执行情况，通过对比分析预算计划与实际支出的差异，及时发现潜在的超支风险。一旦发现超支迹象，AI 能够立即启动预警机制，并为策划者提供详细的预算调整建议。

　　在预算执行过程中，如遇重大变化或突发事件，须对预算进行调整，以确保它与实际业务相符。调整应遵循一定的程序和原则，确保调整的合理性和有效性。

　　最后，AI 还能根据预算执行的结果进行预算编制。预算编制通常包括确定预算目标、编制预算草案、审查平衡、审议批准、下达执行等步骤。AI 通过对预算执行情况的实时跟踪和定期分析，确保预算目标得以实现。

2.3　AI 在活动需求预测中的应用场景

　　在追求精准营销与高效执行的今天，AI 以强大的数据处理与分析能力，为活动需求预测开辟了全新的可能性。

　　本节将多维度介绍 AI 在活动需求预测中的多元化应用场景，从趋势预测与市场分析的前瞻性洞察，到受众细分与偏好分析的精细化策略，再到服务优化与产品分析的个性化提升，以及支撑这一切的核心技术解析，全面展现 AI 如何赋能活动策划，助力策划者精准把握市场动态，深度理解用户需求，从而设计出更贴合市场、吸引目标受众的活动方案。

2.3.1　趋势预测与市场分析

　　在活动策划的初期阶段，准确把握市场趋势和行业动态是制定成功策略的关键。AI 通过大数据分析技术，能够整合海量市场信息，包括历史数据、社交媒体反馈和受众行为等多维度信息。运用机器学习算法进行深度挖掘与分析，不仅能帮助活动策划者提前预见市场的潜在变化，还能识别出新兴的市场趋势，为活动主题、内容的策划提供有力的数据支持。

例如，通过分析过往活动的参与人数、满意度及社交媒体上的讨论热度，AI可以预测未来类似活动的潜在需求，从而指导策划者调整活动方案，以更好地满足市场需求。

2.3.2 受众细分与偏好分析

受众是活动成功的核心因素之一，AI通过自然语言处理、图像识别等先进技术，能够深入分析受众的基本信息、兴趣偏好和消费习惯等多维度特征，实现受众的精准细分，相关示例如图2-3所示。

图2-3 用AI分析受众多维度特征的相关示例

在此基础上，AI还能进一步分析各细分群体的需求差异，并为策划者提供定制化的活动方案建议。例如，对于一场音乐会活动，AI可以分析不同年龄段、性别和地域的听众对音乐类型的偏好，从而推荐合适的演出阵容和曲目安排，以最大限度地吸引目标受众。

2.3.3 服务优化与产品分析

活动过程中的服务质量和产品体验直接影响着参与者的满意度与口碑传播。AI通过实时监测和数据分析，能够及时发现服务中的不足之处，并提出改进建议。同时，AI还能对活动中使用的产品（如纪念品、餐饮服务）进行效果评估，分析消费者的购买意愿和满意度，从而为产品迭代和优化提供数据支撑。

例如，在展会活动中，AI 可以通过分析参观者的行为轨迹和停留时间，识别出热门展位和产品，调整展位布局和展品陈列，从而提升参观体验和转化率。

2.3.4　AI 在活动需求预测中的核心技术

AI 在活动需求预测中的核心技术构成了 AI 分析和预测能力的基石。以下是 AI 几种主要的核心技术及它们在活动需求预测中的应用。

（1）大数据分析与挖掘。大数据分析是 AI 进行活动需求预测的基础。通过对海量数据的收集、清洗、整理和分析，AI 能够发现数据中的隐藏模式和趋势，从而为活动需求预测提供数据支持。

（2）机器学习。机器学习是 AI 的一个重要分支，它使计算机能够自动学习和改进，而无须进行明确的编程。机器学习算法能够从数据中学习，并自动优化预测模型。在活动需求预测中，机器学习算法可以通过分析历史数据、社交媒体反馈和受众行为等信息，自动预测活动的潜在需求、参与人数及受众偏好等关键指标。

（3）自然语言处理（NLP）。这是 AI 领域的一个关键技术，它使计算机能够理解和处理人类自然语言。自然语言处理技术包括文本分类、情感分析和命名实体识别等多个应用方面。在活动需求预测中，自然语言处理技术可以用于分析社交媒体上的用户评论、论坛讨论等信息，了解受众对活动的态度、偏好和期望。通过分析这些信息，策划者可以调整活动方案，更好地满足受众需求。图 2-4 所示为 AI 通过自然语言处理技术分析评论文本得到的柱状图。

专家提醒

NLP（Natural Language Processing，自然语言处理）是计算机科学领域与人工智能领域中的一个重要方向，旨在使计算机能够理解、解释和生成人类自然语言。NLP 技术涵盖多个方面，包括但不限于文本分类、情感分析、命名实体识别、机器翻译、问答系统和语音识别与合成等。

NLP 技术广泛应用于搜索引擎、智能客服、机器翻译、舆情分析以及社交媒体监测等领域，极大地提高了信息处理的效率和准确性。

（4）预测模型与算法。为了进行活动需求预测，AI 需要构建并优化预测模型。这些模型通常基于统计学习、深度学习等算法，能够捕捉数据中的复杂关系并进行预测和评估。常见的预测模型包括线性回归、逻辑回归、支持向量机及神经网络等。图 2-5 所示为线性回归模型示例图，图 2-6 所示为逻辑回归模型示例图。在活动需求预测中，这些模型可以根据不同的应用场景和数据特点进行选择、优化和提升。

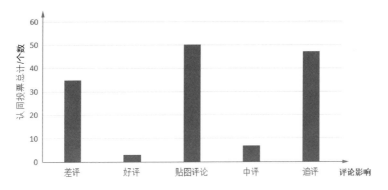

图 2-4　AI 通过自然语言处理技术分析评论文本得到的柱状图

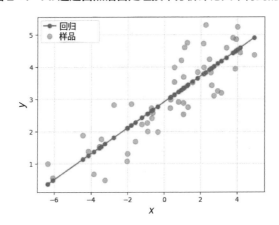

图 2-5　线性回归模型示例图

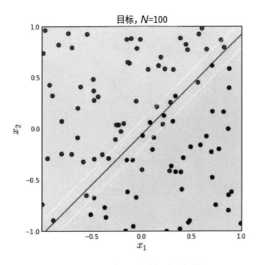

图 2-6　逻辑回归模型示例图

图 2-7 所示为支持向量机模型示例图,图 2-8 所示为神经网络模型示例图。

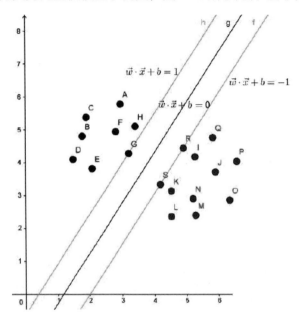

图 2-7 支持向量机模型示例图

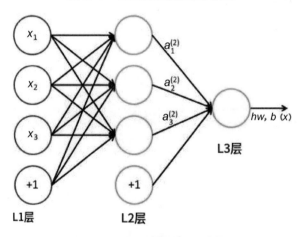

图 2-8 神经网络模型示例图

(5)实时数据分析与反馈。在活动进行过程中,实时数据分析与反馈机制可以帮助策划者及时调整活动方案,优化活动效果。AI 技术能够实时处理和分析活动数据,为策划者提供即时的反馈和建议,这大大节省了沟通所耗费的成本。

(6)特征工程。从原始数据中提取对预测有用的特征变量是提高模型性能的关键。在活动需求预测中,需要关注与活动参与度、用户兴趣和市场趋势等相关的特征。通过特征转换（如标准化、归一化及多项式转换等）可以改善数据的分布特性，从而提高模型的收敛速度和预测性能。

2.4　AI 工具在活动策划与执行中的应用

在活动策划与执行这一充满挑战与创意的领域中，AI 工具的兴起正以崭新的方式重塑行业生态。随着 AI 技术的不断进步，一系列专为活动策划与执行量身定制的 AI 工具随之出现，它们以精准的数据分析、高效的自动化处理以及创新的智能辅助功能，为策划者提供了强有力的支持。

本节将介绍几款在活动策划与执行中应用频繁且热门的 AI 工具。这些 AI 工具的融合应用，不仅极大地提升了活动策划的效率与质量，还为活动执行的每一个细节注入了科技的力量与创新的活力。

2.4.1　文心一言：策划案编写

在活动策划的初始阶段，策划案的编写是奠定整个活动基调与方向的关键步骤。传统的策划案撰写方法往往依赖策划者的个人经验、创意灵感及大量的资料搜集与整理。随着 AI 技术的飞速发展，文心一言作为一款先进的自然语言处理工具，正逐渐成为策划案编写的得力助手，其工作界面如图 2-9 所示。

图 2-9　文心一言工作界面

文心一言凭借强大的语言理解与生成能力，能够深入理解策划者的意图与需求，快速生成符合活动主题与目标的策划案框架。无论是活动的背景分析、目标设定、内容规划，还是预期效果评估，文心一言都能提供条理清晰、逻辑严密的建议与定制方案。

另外，文心一言还能根据策划者的反馈进行实时调整与优化，确保策划案既符合专业标准，又能充分展现活动的独特魅力与创意亮点。在策划案的具体编写过程中，文心一言还能提供丰富的素材库与案例参考，帮助策划者快速定位行业前沿趋势。

通过智能推荐与匹配功能，文心一言能够精准推送与活动主题相关的数据、图表和图片等资源，为策划案增添更多生动、直观的元素。

2.4.2 Kimi：时间安排

Kimi 作为一款智能助手工具，虽然不直接提供传统意义上的日历或日程管理界面，但它凭借强大的智能问答和信息处理能力，能够间接帮助用户优化时间安排，提升工作和生活效率，其工作界面如图 2-10 所示。

图 2-10 Kimi 工作界面

下面是 Kimi 在时间安排方面的几个应用场景和优势。

1. 日程概览与提醒

下面对 Kimi 日程概览与提醒功能的优势进行详细说明。

（1）日程概览。虽然 Kimi 不直接展示日程表，但用户可以通过询问 Kimi 来获取近期的日程概览，以便快速了解即将进行的活动和任务。

（2）智能提醒。用户可以通过与 Kimi 对话设置日程提醒。例如，用户可以告诉 Kimi："明天 9 点有个会议，请提醒我。" Kimi 会记录这一信息，并在指定时间通过消息推送等方式提醒用户。

2. 任务时间管理与优先级排序

下面对 Kimi 任务管理与优先级排序的优势进行详细说明。

（1）任务时间管理。基于用户的日程和任务情况，Kimi 可以提供个性化的时间管理建议，帮助用户更好地规划时间，提高工作效率。

（2）任务优先级排序。用户可以将待办事项告诉 Kimi，Kimi 可以帮助用户记录并跟踪这些任务的进度。用户还可以要求 Kimi 根据任务的紧急程度和重要性进行排序，以便优先处理重要且紧急的任务。

3. 高效利用碎片化时间

下面对 Kimi 高效利用碎片化时间的优势进行详细说明。

（1）信息查询。在碎片化时间中，用户可以利用 Kimi 进行信息查询、知识学习等，以充分利用这些时间。例如，用户可以在等车或排队时询问 Kimi 某个问题，获取所需信息。

（2）任务规划。对于需要较长时间完成的任务，用户可以利用碎片化时间通过 Kimi 进行规划和准备，以便在正式开始时能够迅速进入状态。

2.4.3　天工 AI：预算分析

天工 AI 在预算分析方面展现出了强大的功能和优势，尽管它可能不直接提供一个名为"预算分析"的专项功能，但天工 AI 的智能数据处理、分析和计算能力可以间接支持用户进行高效的预算分析工作。天工 AI 的工作界面如图 2-11 所示。

图 2-11　天工 AI 的工作界面

下面从天工 AI 的功能出发，对其在预算分析方面可能的应用进行归纳和整理。

1. 数据上传与智能识别

下面对天工 AI 的数据上传与智能识别功能进行详细说明。

（1）数据上传。天工 AI 支持用户上传 Excel 等表格文件，这是进行预算分析的基础，用户可以将包含预算数据的表格文件上传至天工 AI 平台。

（2）智能识别。天工 AI 能够智能识别表格中的数据字段，如收入、支出、成本、利润等关键预算指标，为后续的分析工作提供便利。

2. 数据处理与分析

下面对天工 AI 的数据处理与分析功能进行详细说明。

（1）复杂数据处理。天工 AI 能够根据用户的指令，在云端服务器中编写代码，完成复杂的数据处理工作，如数据清洗、转换和聚合等，确保预算分析数据的准确性和可靠性。

（2）智能分析。利用天工 AI 的智能分析能力，用户可以对预算数据进行深入分析，如趋势分析、对比分析和结构分析等，从而发现预算执行过程中的问题和机会。

3. 预算编制与预测

下面对天工 AI 的预算编制与预测功能进行详细说明。

（1）预算编制辅助。虽然天工 AI 可能不直接提供预算编制的模板或工具，但它强大的数据处理和分析能力可以为用户在编制预算时提供有力支持。用户可以根据历史数据和当前市场情况，利用天工 AI 进行数据分析，从而为预算编制提供科学依据。

（2）预算预测。基于历史数据和当前趋势，天工 AI 还可以帮助用户进行预算预测，评估未来一段时间内的预算执行情况，从而为企业的财务规划和决策提供支持。

4. 报告生成与分享

下面对天工 AI 的报告生成与分享功能进行详细说明。

（1）报告生成。天工 AI 能够将处理和分析后的预算数据生成报告，用户可以根据需要选择报告的内容和格式。这些报告可以直观地展示预算执行情况、问题点和改进建议等信息。

（2）分享与协作。生成的预算分析报告可以方便地分享给团队成员或上级领导，促进团队间的协作和沟通。同时，天工 AI 还支持多人在线编辑和评论功能，进一步提高预算分析工作的效率和准确性。

2.4.4 即梦 AI：生成视觉素材

即梦 AI 是字节跳动公司推出的一款一站式 AI 创作平台，它不仅具备强大的图像和视频生成能力，还集成了多种创新功能，旨在为用户提供从文字到图像、从图像到视频的全流程创作体验。即梦 AI 结合了最新的算法和技术，使得内容创作变得更加高效和便捷，便于生成视觉素材。即梦 AI 的工作界面如图 2-12 所示。

图 2-12 即梦 AI 的工作界面

在活动策划与执行阶段，即梦 AI 可以快速生成清晰、直观的活动视觉素材，其优势如下。

（1）提高效率。通过 AI 辅助生成活动视觉素材，可以大大节省用户的时间和精力，提高整体工作效率。

（2）减少错误。智能布局和可视化编辑功能有助于减少人为错误和遗漏，确保活动视觉素材的准确性和完整性。

（3）增强沟通。清晰、直观的活动视觉素材，有助于团队成员之间的沟通和协作，确保大家对活动内容有共同的理解和认知。

2.4.5 可灵 AI：制作活动后期宣发视频

可灵 AI 的制作宣发视频功能方便用户展示项目成果和亮点，其工作界面如图 2-13 所示。可灵 AI 通过精心剪辑的视频内容，可以生动地展现项目在技术创新、应用效果和用户体验等方面的成就，让用户对项目有更深入的了解和认识。同时，视频中的亮点展示也能激发用户的兴趣和好奇心，促使他们进一步了解和体验项目。

图 2-13　可灵 AI 的工作界面

高质量的宣发视频能够提升企业的品牌形象，增强用户对项目的信任度。视频中展现的专业团队、先进技术和成功案例等元素，能够塑造出专业、可靠且创新的品牌形象。这种品牌形象的提升有助于吸引更多用户的关注和信赖，为项目的长期发展奠定坚实的基础。

宣发视频还可以通过设置互动环节、引导用户评论和分享等方式，促进用户之间的互动。这种互动不仅能够增强用户的参与感和归属感，还能够通过用户的口碑传播进一步扩大项目的影响力。同时，用户的反馈和建议也是项目改进与优化的重要参考依据。

本 章 小 结

本章详细探讨了 AI 在活动设计中的需求分析与预测的重要性及其应用场景，并介绍了多款 AI 工具在活动策划与执行中的实际应用。这些工具凭借各自独特的功能和优势，为活动设计者提供了全方位的支持和帮助，使得活动策划与执行过程变得更加高效和便捷。通过本章内容的学习，读者将深刻认识到 AI 在活动设计中的重要性，并掌握 AI 在需求分析与预测中的多种应用场景和实用工具。

课 后 习 题

1. 简要说明 AI 在活动日程与流程优化中的应用。
2. 用文心一言写一篇活动策划案。

第 3 章

AI 在活动日程安排中的应用

在快节奏的现代生活中，活动日程安排已成为个人、团队乃至企业高效运作不可或缺的一环。随着活动规模的不断扩大、参与者的多元化以及需求的日益复杂化，传统的日程安排方式正面临挑战。本章将针对这些挑战，揭示现代活动日程安排所蕴含的多元化需求，并介绍 AI 在活动日程安排中的应用、步骤与策略。

3.1 活动日程安排面临的挑战与需求

在日益复杂多变的活动策划与执行环境中，活动日程安排作为确保活动顺利进行的基石，其重要性不言而喻。随着活动规模、参与者数量及需求层次的不断提升，活动日程安排正面临着复杂的挑战。本节将分析并解释这些挑战，然后介绍现代活动对日程安排的多元化需求。

3.1.1 传统日程安排的局限性

在传统日程安排模式中，尽管它在一定程度上满足了基本需求，但随着时代的发展和活动复杂性的增加，其局限性日益凸显。这些局限性主要体现在以下几个方面。

（1）效率低下。传统日程安排往往依赖人工手动编排，需要耗费大量时间和精力去收集信息、整理数据和协调时间等。这种手工操作方式在面对大规模活动或频繁变更的需求时，显得尤为低效。

（2）易出错。由于人为因素的介入，传统日程安排过程中难免会出现疏忽或错误。例如，时间冲突、地点错误和参与者遗漏等问题时有发生，给活动的顺利进行带来了不便和困扰。

（3）缺乏灵活性。传统日程安排一旦确定，往往难以进行快速调整。面对突发情况或参与者需求的变化，需要层层审批、反复修改，这不仅耗时费力，还可能影响活动的整体效果。

（4）信息更新滞后。在传统方式下，日程信息的更新和传播往往依赖纸质文件、电子邮件或电话通知等方式，这些方式不仅效率低下，而且容易出现信息遗漏或延迟到达的情况，从而使参与者无法及时获取最新的日程安排。

（5）难以满足多元化需求。随着活动形式的不断创新和参与者需求的日益多样化，传统日程安排方式往往难以满足这些多元化需求。例如，对于需要跨地域、跨时区参与的活动，传统方式在时间协调和沟通上存在很大困难。

3.1.2 现代活动日程安排的多元化需求

现代活动日程安排的多元化需求反映了当代社会生活的快节奏、个性化及信息化特点。随着科技的进步、全球化的发展以及人们对生活质量要求的提高，活动日程安排不再仅仅局限于传统的办公会议、家庭聚会或学校课程，而是涵盖了更加广泛和多样化的领域。以下是一些体现现代活动日程安排多元化需求的方面。

（1）工作与学习的灵活性。远程办公和在线学习成为常态，使得人们可以根据自己的时间和地点安排工作与学习任务。这种灵活性要求日程安排系统能够支持跨地域、跨时间的协作与沟通，确保工作效率和学习效果。远程办公的相关场景如图3-1所示。

图3-1　远程办公的相关场景

（2）休闲娱乐的多样化。随着生活水平的提高，人们越来越注重休闲娱乐的品质和多样性。从传统的体育运动、电影院观影到新兴的虚拟现实体验（见图3-2），再到线上游戏竞赛等，各种娱乐活动层出不穷。因此，日程安排需要能够整合这些多样化的休闲资源，帮助用户规划出既充实又有趣的休闲时光。

图3-2　虚拟现实体验

（3）社交活动的个性化。社交媒体和即时通信工具的普及，使得人们可以更方便地组织和参与各种社交活动。这些活动可能基于共同的兴趣爱好、职业背景或地理位置，具有高度的个性化和定制化特点。因此，日程安排需要支持用户自定义活动类型、邀请方式和参与规则，以满足不同人群的社交需求。

（4）健康管理与养生。现代人越来越关注自身的健康状况，包括饮食、运动和睡眠等方面。因此，日程安排中往往也会融入健康管理的内容，如设置定时提醒喝水、运动打卡和睡眠监测等，这些功能有助于用户养成良好的生活习惯，提高生活质量。

（5）旅行与探索。随着旅游业的繁荣和人们探索欲望的增强，越来越多的人将旅行作为日程安排中的重要组成部分。从短途周边游到长途国际旅行，从文化探索到自然观光，多样化的旅行需求要求日程安排系统能够提供详尽的行程规划、交通预订和住宿安排等服务。

（6）突发事件应对。在现代社会，突发事件（如自然灾害、疫情等）时有发生。因此，日程安排系统还需要具备应对突发事件的能力，如提供紧急通知、调整活动安排以及安排避险措施等，以保障用户的安全和利益。

3.2 AI 在活动日程安排中的应用

随着 AI 技术的飞速发展，它在各个领域的应用日益广泛且深入，活动日程规划领域也不例外。AI 以强大的数据处理能力、智能决策支持和个性化服务特性，正逐步改变我们规划和管理日程的方式。

本节将深入研究 AI 在活动日程规划中的创新应用，揭示如何通过智能技术提升日程安排的效率、准确性和用户满意度。AI 的融入不仅简化了复杂的日程安排流程，还使得活动规划更加灵活、动态，且符合个人或团队的实际需求。

3.2.1 智能日程生成

在智能日程生成的过程中，AI 首先通过 NLP 技术解析用户输入的文本信息，包括活动名称、时间、地点及参与人员等关键要素。这一过程不仅限于简单的词汇识别，更深入语义理解层面，使得 AI 能够准确捕捉用户的意图和偏好。

例如，如果用户提到"需要一个下午的空闲时间进行项目讨论"，AI 就能够理解这一请求背后的深层需求，即寻找一个既适合所有参与者又能够保障充足讨论时间的会议时段。

同时，智能日程生成系统还充分考虑了各种日程限制因素，这些限制因素可能包括用户个人的工作时间窗口、特定会议的时长要求、不同地点之间的通勤时间，以及可能的交通拥堵情况等。通过集成实时数据源，AI 能够预测未来的天气情况（见图 3-3），动态评估这些外部因素，并将其纳入日程规划的考量之中。这样，生成的日程方案不仅符合用户的内在需求，还能有效应对外部环境的变化。

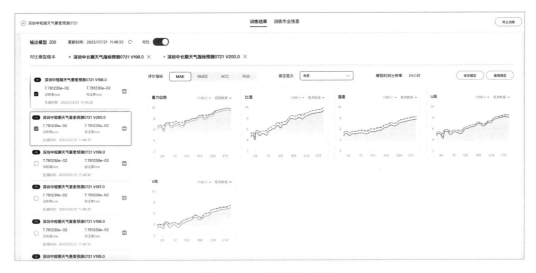

图 3-3　AI 预测天气情况

3.2.2　冲突检测与解决

　　AI 凭借卓越的数据处理能力，在庞大的日程信息库中实时巡逻，精准捕捉并识别出潜在的冲突点。无论是时间上的冲突、地点的争用，还是人员安排上的矛盾，AI 都能迅速定位并标注出来，为后续的解决工作提供清晰的指引。一旦冲突被检测出来，AI 立即启动内置的冲突解决机制。这一过程并非简单地提示用户存在冲突，而是根据预设的规则和算法，自动或半自动地提出一系列解决方案。

　　更重要的是，AI 的冲突解决过程不仅机械地执行预设规则，还具备学习和优化的能力。在解决冲突的过程中，AI 会不断收集和分析数据，了解用户的偏好和习惯，从而在未来的冲突解决中提供更加个性化和精准的建议。这种智能化的反馈与调整机制使活动组织者在面对突发情况时能够更加从容应对，大大提高了活动组织的灵活性和响应速度。

　　另外，AI 的即时反馈功能也是冲突解决机制的一大亮点。当冲突被解决或新的方案被提出时，AI 会立即通知相关参与者，确保信息的及时传达和透明化。这种高效的信息交流方式，不仅减少了误解和沟通成本，还增强了团队之间的协作效率和信任感。

3.2.3　参与者互动与反馈机制

　　AI 在活动日程规划中的另一个重要应用是增强参与者之间的互动。通过集成社交媒体、即时通信工具等渠道，AI 能够建立一个高效的信息交流平台，促进参与者之间的沟通与协作。

另外，AI 还能收集并分析参与者的反馈意见，为后续的日程规划提供数据支持。这种基于数据的决策方式使活动日程更加贴近参与者的实际需求，提升了整体的满意度和参与度。图 3-4 所示为 AI 生成的活动反馈意见收集表。

图 3-4　AI 生成的活动反馈意见收集表

3.2.4　预测性日程优化

预测性日程优化是 AI 在活动日程规划中的高级应用。借助大数据分析、机器学习等先进技术，AI 能够预测活动未来可能的发展趋势和变化，如参与者日程的变动、外部环境的突发情况等，并据此对现有的日程安排进行动态调整和优化。

这种前瞻性的规划能力使活动组织者能够提前应对潜在风险，确保活动在不确定的环境中依然能够高效有序地进行。同时，通过持续优化日程安排，AI 还能帮助组织者在有限的资源下实现最大的效益。

3.3　实施 AI 日程安排的步骤与策略

实施 AI 日程安排不仅是一项技术挑战，更是一个涉及组织文化、人员培训和流程重构等多方面的系统工程，关乎活动的顺利进行与安全保障。接下来我们将转向更具实操性的层面，探讨如何有效地将 AI 技术融入日程安排的实际工作中。

3.3.1　需求分析与规划

需求分析是实施 AI 日程安排的第一步，也是最关键的一步。在这一阶段，日程安排者需要深入了解组织或团队的具体需求，包括活动类型、参与人数、日程复杂度和特殊限制条件等。

日程安排者通过问卷调查、访谈和数据分析等方式收集到足够的信息后，需要对其进行归纳和整理，明确 AI 系统需要解决的核心问题，如减少冲突、提高响应速度以及优化资源分配等。

规划是在需求分析的基础上制定出一套切实可行的实施方案，这包括确定 AI 系统的功能模块、数据流程、用户界面设计和安全策略等。同时，还需要考虑到系统的可扩展性和可维护性，确保未来能够随着业务的发展进行灵活调整。

3.3.2 技术选型与工具部署

技术选型是实施 AI 日程安排的重要环节，活动组织者需要选择适合的技术框架、算法模型及开发工具等。在选择时，需要综合考虑技术的成熟度、性能表现、成本效益及团队的技术储备等因素。

工具部署是将选定的技术组件整合到一起，形成一个完整的 AI 系统，这包括数据库的安装配置、算法模型的训练部署及用户界面的开发测试等。在部署过程中，需要确保系统的稳定性、安全性和易用性，以便用户能够顺畅地使用系统完成各项操作。

3.3.3 培训与用户支持

AI 系统的成功实施离不开用户的积极参与和有效使用，因此培训成为不可或缺的一环。AI 系统管理者需要为相关人员提供全面的培训，包括系统操作、功能介绍和常见问题解答等。通过培训，用户将能够熟练掌握系统的使用方法，从而有效提高工作效率。

同时，用户支持也是至关重要的。在系统使用过程中，用户可能会遇到各种问题或需要进一步的帮助。因此，AI 系统管理者需要建立完善的用户支持体系，包括在线帮助文档、客服热线和技术支持团队等，确保用户能够及时获得帮助和支持。

用户支持体系还注重收集用户反馈，并不断优化服务流程，以提升服务质量。通过定期的用户满意度调查、问题汇总与分析，用户支持体系及时发现并解决潜在的问题，确保用户支持工作始终贴近用户需求，从而为 AI 系统的成功实施保驾护航。

3.3.4 持续优化与迭代

AI 系统的实施并不是一劳永逸的，而是需要不断地进行优化与迭代。随着业务的发展和数据的积累，活动组织者需要定期对系统进行评估和调整，以更好地满足用户的需求，这包括算法的改进、功能的增强以及用户界面的优化等方面。

同时，活动组织者还需要密切关注行业动态和技术发展趋势，及时引入新的技术和方法，以保持系统的先进性和竞争力。通过持续优化与迭代，可以不断提升 AI 系统在日程安排中的效能和价值，从而为组织或团队创造更多的价值。

本 章 小 结

本章全面介绍了 AI 在活动日程安排中的广泛应用以及它带来的深刻变革。首先分析了传统日程安排方式的局限性，随后深入阐述了现代活动日程安排所面临的多元化需求，接着详细介绍了 AI 的智能日程生成、冲突检测与解决、参与者互动与反馈机制，以及预测性日程优化等核心功能，最后详细阐述了如何将 AI 技术有效融入活动日程安排的实际工作中。

通过本章内容的学习，读者将深刻认识到 AI 在活动日程安排中的巨大潜力与价值，它不仅能够解决传统方式下的种种难题，还能够为活动组织者提供更加高效、智能的解决方案。同时，读者也学到了实施 AI 日程安排所需的一系列步骤与策略，这为未来的实践工作提供了宝贵的参考与借鉴。

课 后 习 题

1. 简要阐述传统日程安排的局限性。
2. 在使用 AI 进行需求分析与规划时，通常使用哪些手段收集信息？

第 4 章

AI 在活动营销与推广中的应用

随着科学技术的飞速发展，AI 已经成为营销领域不可或缺的力量。本章将首先阐明活动营销的定义、类型及要素，然后详细介绍 AI 如何通过精准用户洞察、智能内容推送以及高效营销效果评估等关键技术应用，为企业制定更加个性化、高效的活动营销策略提供有力支持。

4.1 活动营销的定义、类型及要素

在竞争日益激烈的市场环境中,活动营销作为企业吸引顾客、提升品牌影响力的关键手段,其重要性不容忽视。本节将首先明确活动营销的定义,并探讨其多样化的类型,然后深入分析活动营销的核心要素。通过深入理解活动营销的本质,企业能够更有效地制定策略,实现市场突破与品牌价值的持续增长。

4.1.1 活动营销的定义与类型

活动营销也称为事件营销,是指企业通过介入重大的社会活动或整合有效的资源策划大型活动,以迅速提高企业及其品牌的知名度、美誉度和影响力,进而促进产品销售的一种营销方式。

简而言之,活动营销是围绕特定活动而展开的营销行为,即以活动为载体,通过精心设计的活动内容、参与规则及奖励机制,吸引目标受众的参与和关注,从而实现品牌提升或销量增长的目的。活动营销可以根据不同的维度进行分类。

1. 按活动形式分类

按活动形式划分,活动营销可分为以下两种类型。

(1)线上活动营销。这种营销方式主要利用互联网平台和数字技术进行,如直播带货和节日网点促销等,相关示例如图 4-1 和图 4-2 所示。这类活动具有传播速度快、覆盖范围广和互动性强等特点。

图 4-1 线上直播带货的示例

图 4-2　节日网点促销的示例

（2）线下活动营销。这种营销方式通过实体场景进行，如展会、博览会、沙龙、路演及发布会等。线下活动能够提供更直观、沉浸式的体验，有助于增强与用户的面对面沟通和信任感。图 4-3 所示为某博览会开幕场景。

图 4-3　某博览会开幕场景

2. 按活动目的分类

按活动目的划分，活动营销可分为以下 3 种类型。

（1）品牌提升类活动。这类活动的主要目的是提升品牌形象和知名度，如赞助大型体育赛事、文化活动等。

（2）产品推广类活动。这类活动侧重于推广新产品或促进产品销售，如产品发布会等。图4-4所示为某汽车品牌的新产品发布会概况。

图4-4 新产品发布会概况

（3）客户关系管理类活动。这类活动旨在增强与现有客户的联系和紧密度，如客户答谢会等。

3. 按活动主体分类

按活动主体划分，活动营销可分为以下两种类型。

（1）用户主导型活动。活动规则大多根据用户的基本属性（如身份、生日和性别等）与行为属性（如分享、点赞和评论等）来设计，用户自由参与，企业干涉较少。

（2）企业主导型活动。活动规则大多根据企业自身优势及外部环境来设计，企业控制活动的整体节奏，通常有一定的时间限制，如双11大促、品牌特卖等。

4.1.2 活动营销的核心要素

活动营销作为一种以市场为导向的管理过程，其核心要素是活动成功与否的关键，它们相互关联、相互作用，共同推动营销目标的实现。图4-5所示为活动营销的几个核心要素。

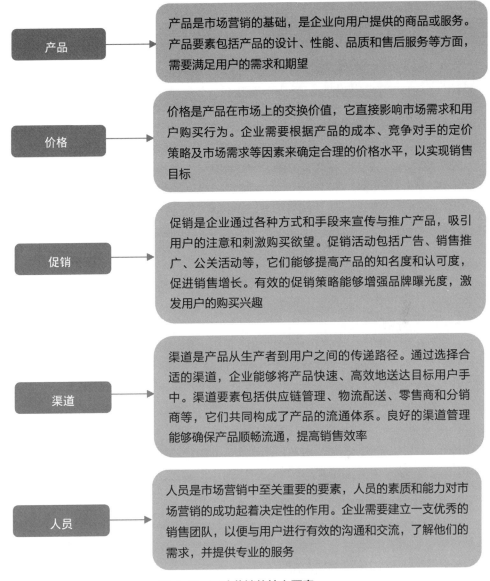

图 4-5 活动营销的核心要素

4.2 AI 在营销与推广中的技术应用

AI 技术的引入不仅极大地提升了营销活动的精准度和效率,还为企业带来了优质的市场洞察力和客户体验优化能力。本节将深入探讨 AI 在活动营销与推广中的技术应用,揭示它如何重塑营销格局,助力企业实现更高效的市场渗透和品牌增长。

4.2.1 AI 在用户洞察与分析中的应用

在当前的商业环境中，深入了解用户行为、偏好和需求是企业制定有效营销策略的基础。AI 技术的飞速发展，为用户洞察与分析带来了革命性的变革。下面将从 4 个方面详细阐述 AI 在用户洞察与分析中的具体应用。

1. 用户画像构建

用户画像构建包括以下两个方面。

（1）个性化画像。AI 利用机器学习算法对收集到的数据进行深度挖掘，构建出每位用户的个性化画像。这些画像包括用户的年龄、性别、地理位置、消费习惯和兴趣偏好等多个层面。通过这些画像企业可以更精准地理解用户需求。

（2）动态更新。随着用户行为的不断变化，AI 能够实时更新用户画像，确保企业始终掌握最新的用户信息。

2. 用户行为预测

用户行为预测包括以下两个方面。

（1）预测模型。基于历史数据和当前趋势，AI 能够构建预测模型，对用户的未来行为进行预测。这些预测涵盖购买意向、品牌忠诚度和潜在需求等多个方面，可以为企业制定营销策略提供有力支持。

（2）场景化应用。在特定场景下，如节假日促销、新品上市等，AI 能够根据用户的历史行为和当前需求预测他们可能的反应和行动，从而制定更具针对性的营销策略和计划。

3. 情感分析与口碑监测

情感分析与口碑监测包括以下两个方面。

（1）情感分析。AI 通过自然语言处理技术对用户的评论、评价等文本数据进行情感分析，判断用户对产品或服务的满意度和情感态度，这有助于企业及时了解用户的反馈和意见，从而优化产品和服务。

（2）口碑监测。AI 能够实时监测社交媒体、论坛等渠道上的口碑信息，分析用户对品牌的评价和讨论趋势，为企业制定危机公关和品牌建设策略提供依据。

4. 定制化营销策略

定制化营销策略包括以下两个方面。

（1）个性化推荐。基于用户画像和行为预测结果，AI 能够为用户提供个性化的产品和服务推荐。这种定制化的营销策略能够显著提高用户的购买转化率和需求上的满意度。

（2）精准营销。AI 还能够根据用户的地理位置、消费习惯等信息进行精准营销投放，确保营销信息能够触达目标消费群体。

4.2.2　AI 在内容营销与广告投放中的应用

AI 在内容营销与广告投放方面有着不可或缺的作用。通过数字化与模式多元化的呈现，AI 不仅简化了工作过程，还提升了工作质量。下面详细介绍 AI 在内容营销与广告投放中的应用。

1. AI 在内容营销中的应用

AI 在内容营销中的应用包括以下 4 个方面。

（1）内容生成。AI 通过自然语言处理和机器学习技术，能够分析大量文本数据，提取关键信息，甚至生成原创内容。这包括文章初稿、社交媒体帖子及电子邮件营销文案等，大大降低了内容创作者的时间成本，同时保持了内容的新鲜度与多样性。

（2）内容优化。AI 能分析用户反馈、关键词排名及竞争对手内容等数据，识别出哪些内容（如标题、开头和结尾等）更吸引读者，从而指导创作者进行有针对性的调整，提升内容的质量和吸引力。

（3）个性化推荐。AI 能够分析用户的浏览历史、购买记录及兴趣偏好等多维度数据，构建出精准的用户画像，如图 4-6 所示。基于这些画像，AI 能够预测用户可能感兴趣的内容类型，并在合适的时间通过合适的渠道向用户推送这些内容。

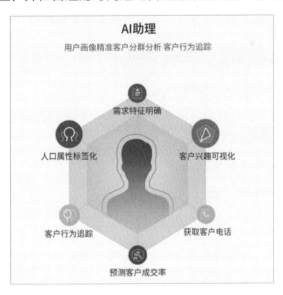

图 4-6　AI 构建的用户画像

（4）数据驱动的内容策略。AI 在内容营销中的应用还体现在数据驱动的决策上。通过分析用户行为数据和市场趋势，AI 可以为企业提供有针对性的内容策略建议，帮助企业更好地把握市场机遇，提升品牌影响力和用户忠诚度，有效提升内容质量。

2. AI 在广告投放中的应用

AI 在广告投放中的应用包括以下 5 个方面。

（1）目标受众分析。AI 通过分析用户的数据和行为模式，能够准确地识别出感兴趣的受众群体，使得广告投放可以更加精准地针对目标受众，从而提高广告的点击率和转化率。

（2）广告内容优化。AI 可以分析广告效果和用户反馈，不断优化广告内容。通过持续学习和自适应机制，AI 可以为每位用户提供个性化的广告体验，提升用户的参与度和满意度。

（3）实时投放决策。AI 能够根据实时数据和用户行为进行实时投放决策。通过分析用户的需求和环境因素，AI 可以确定最佳的广告投放时机和方式，从而提高广告的曝光度和点击率。

（4）跨平台整合投放。AI 还能帮助企业整合各类媒介资源，打破客户数据孤岛。通过算法分析客户在不同平台上的行为数据，AI 能够实现广告内容的精准投放，从而提升广告投放的整体效果。

（5）预测与评估。AI 通过历史数据和机器学习算法，可以预测广告的投放效果，包括广告的点击率、转化率等关键指标，为企业提供决策支持。同时，AI 还能对广告投放效果进行实时评估和调整，确保广告投放的持续优化。

4.2.3　AI 在营销效果评估与优化中的应用

AI 在营销效果评估与优化中的应用日益广泛，它通过深度学习和大数据分析技术，为营销活动提供了更为科学、精准和高效的评估与优化手段。下面是 AI 在营销效果评估与优化中的具体应用。

1. AI 在营销效果评估中的应用

AI 在营销效果评估中的应用如下。

（1）数据分析与洞察。AI 技术能够实时收集并处理海量营销数据，包括用户行为、市场趋势和广告效果等。通过深度学习和模式识别，AI 能够从这些数据中挖掘出潜在的模式和规律，为营销效果评估提供科学依据。AI 还能够分析不同渠道（如搜索引擎、社交媒体和电子邮件等）的营销效果，识别哪些渠道可以带来最多的潜在客户和转化。

（2）关键指标评估。AI 可以帮助评估营销活动的关键指标，如点击率、转化率、用户参与度和品牌提及率等，以直观了解营销活动的成效。通过对比营销活动前后的数据变化，AI 能够量化评估营销活动对品牌知名度、用户满意度和忠诚度等方面的影响。

2. AI 在营销优化中的应用

AI 在营销优化中的应用如下。

（1）个性化营销。AI 技术能够根据用户的历史行为、兴趣爱好和购买偏好等信息，为用户提供个性化的营销内容和推荐。这种个性化营销能够显著提升用户的满意度和转化率。例如，电商平台可以根据用户的浏览和购买历史，为用户推荐可能感兴趣的商品；社交媒体平台可以根据用户的兴趣标签，推送定制化的广告内容。

（2）营销策略优化。AI 技术能够对营销活动的效果进行深入分析，发现其中的问题和不足，并为企业提供优化建议。这些建议可以帮助企业调整营销策略，提升营销的效果。例如，通过分析用户反馈和市场趋势，AI 可以建议企业调整产品定位、优化价格策略或改进客户服务等。

4.3 AI 驱动的营销策略制定

AI 不仅能够帮助企业收集并分析海量的用户数据，从而构建出更为精细的用户画像，实现更精准的用户细分，还能通过深度学习等技术，预测用户的行为趋势，为个性化营销策略的制定提供科学依据。

在营销决策层面，AI 凭借强大的数据处理与分析能力，能够迅速识别市场机会与风险，为企业的战略决策提供有力支持。在营销策略的实施与优化阶段，AI 的实时监测与反馈机制确保了营销策略能够灵活调整并持续优化，以最佳状态适应市场变化。

因此，掌握 AI 驱动的营销策略制定方法至关重要，它不仅是提升市场竞争力的关键，也是增强营销活动效果的有效途径。本节将逐一分析 AI 在营销策略制定各个环节中的具体应用与实践方法，为企业探索出一条智能化、精准化的营销新路径。

4.3.1 AI 在用户洞察与细分中的应用

在市场营销领域，用户洞察与细分是制定有效营销策略的基石，而 AI 技术的引入极大地增强了市场营销的精准度、效率与个性化力度。下面是 AI 在用户洞察与细分中的具体应用。

1. 用户数据的深度挖掘与分析

通过大数据分析技术，AI 能够迅速收集并处理海量的用户数据，如购买记录、浏览行为、社交媒体互动和在线评论等。这些数据为企业提供了丰富的用户行为信息，使企业能够更深入地了解用户的需求、偏好和习惯。

通过对这些数据的深度挖掘，AI 能够揭示隐藏在数据背后的规律和趋势，为企业提供更精准的用户洞察。

2. 用户细分的精细化操作

AI 技术能够进一步实现用户细分的精细化操作。传统的用户细分往往基于人口统计信息或简单的消费行为数据，AI 则能够通过复杂的算法和模型，综合考虑多个因素进行细分。

例如，AI 可以根据用户的购买历史、浏览行为和在线评论等多个维度，将用户细分为不同的群体，并为每个群体制定有针对性的营销策略。这种精细化的细分方式能够确保营销策略的精准性和有效性。

3. 实时洞察与动态调整

AI 还具有实时洞察和动态调整的能力。在用户行为快速变化的今天，企业需要能够快速响应市场变化，调整营销策略。

AI 技术能够实时监测用户的行为变化和市场动态，并自动调整用户画像和细分策略，确保营销策略始终与市场需求保持一致，这种实时的洞察和动态调整能力使企业能够在激烈的市场竞争中保持领先地位。

4.3.2 AI 驱动的个性化营销策略

随着 AI 技术的飞速发展，它在营销领域的应用日益广泛，特别是 AI 驱动的个性化营销策略，正逐步成为企业提升市场竞争力的有力手段。下面详细阐述 AI 驱动的个性化营销策略。

1. 个性化营销的定义与重要性

个性化营销是一种基于个体差异和行为特征，为用户提供定制化产品和服务的过程，其核心在于通过数据驱动实现对用户需求的精准把握和满足。在 AI 时代，个性化营销的重要性愈发凸显，因为它不仅能够显著提升用户体验，增加转化率，还能培养品牌忠诚度，从而提高企业的竞争力和市场份额。

2. AI 在个性化营销中的应用

AI 在个性化营销中的应用包括以下 5 个方面。

（1）用户数据收集与整合。AI 技术通过自动化手段收集用户的各种数据，包括消费行为、用户轨迹和社交媒体互动等，构建全面的用户画像。这些数据通过 AI 进行深度整合，确保数据的一致性和准确性，为后续的数据分析和营销策略制定提供坚实基础。

（2）数据分析与挖掘。AI 运用大数据分析技术对收集到的用户数据进行深度挖掘，发现用户的潜在需求和偏好。通过运用机器学习、自然语言处理等算法，AI 能够更准确地预测用户的行为趋势，为个性化营销策略的制定提供科学依据。

（3）个性化推荐系统。基于用户的历史购买行为和浏览记录，AI 推荐系统能够实时为用户提供个性化的产品推荐和服务建议。协同过滤和内容推荐算法是 AI 推荐系统的两大核心技术，它们能够根据不同用户的兴趣点和需求，提供精准的产品推荐。

（4）个性化内容与营销策略制定。AI 技术能够根据用户画像和数据分析结果制定个性化的内容与营销策略。这些内容可以包括个性化的邮件、社交媒体广告和客户关系管理活动等，旨在提升用户的参与度和转化率。

（5）自动化与营销策略优化。AI 技术能够实现营销活动的自动化执行，如自动发送个性化的电子邮件、短信或社交媒体消息。同时，AI 还能够实时监控营销活动的效果，并根据反馈进行策略优化，确保营销策略始终与市场需求保持一致。

3. AI 驱动的个性化营销策略的优势

AI 驱动的个性化营销策略的优势包括以下 4 个方面。

（1）提升用户体验。个性化营销策略能够精准满足用户的需求，提升用户的购物体验和满意度。

（2）增加转化率。通过个性化的推荐和服务，企业能够引导用户更快地做出购买决策，从而提高转化率。

（3）培养品牌忠诚度。个性化营销策略能够提升用户对品牌的认知和信任，进而培养品牌忠诚度。

（4）提高营销效率。AI 技术能够自动化执行重复性任务，优化营销策略，降低人力成本，从而提高营销效率。

4. 实施 AI 驱动的个性化营销策略的注意事项

实施 AI 驱动的个性化营销策略需注意以下 3 个方面。

（1）确保数据安全和隐私保护。在收集和使用用户数据时，企业必须遵守相关法律法规，确保数据的安全和隐私保护。

（2）持续优化技术和算法。随着 AI 技术的不断发展，企业需要不断优化自身的技术和算法，以应对市场变化和用户需求的多样化。

（3）加强团队建设和人才培养。实施 AI 驱动的个性化营销策略需要专业的人才支持，企业需要加强团队建设，培养具备AI技术和市场营销知识的复合型人才。

4.3.3　AI在营销决策支持中的应用

AI在营销决策支持中的作用不可忽视。这一应用不仅提升了决策的效率，还显著增强了决策的精准性和科学性。以下是AI在营销决策支持中的几个关键应用。

1. 预测模型与预测分析

AI能够构建复杂的预测模型，对销售预测、市场份额预测和客户流失预测等进行精确分析。这些预测模型基于历史数据和市场趋势，并结合实时数据更新，为企业提供前瞻性的决策支持。通过预测分析，企业可以及时调整营销策略，优化资源配置，并降低市场风险。

2. 自动化决策辅助

在营销决策过程中，AI可以作为自动化决策辅助工具，帮助营销团队快速评估多个决策选项的潜在影响。通过模拟不同场景下的决策结果，AI能够为决策者提供全面的对比分析，降低决策的主观性和不确定性。同时，AI还能够根据实时数据更新决策建议，确保决策的时效性和准确性。

3. 定制化营销策略推荐

基于AI的数据分析能力和预测模型，企业可以实现定制化营销策略的推荐。AI能够根据用户的个人特征、购买历史和浏览行为等信息，为其推荐个性化的产品或服务。

4. 优化营销预算分配

在营销预算分配方面，AI也能够发挥重要作用。通过对历史营销活动的效果进行评估和分析，AI能够识别出高效和低效的营销渠道。基于这些评估结果，AI可以为企业提供优化后的营销预算分配建议，确保预算能够最大限度地发挥效用。

4.3.4　AI驱动的营销策略实施与优化

AI能够高效驱动营销策略的实施及优化。下面将从实施步骤、优化方法这两个方面详细介绍AI是如何驱动营销策略运行的。

1. AI驱动的营销策略实施步骤

AI驱动的营销策略实施分为以下几个步骤。

（1）数据收集与整合。利用AI技术自动化收集各类市场数据、用户行为数据和社交媒体数据等，并对这些数据进行清洗、整理，确保数据的质量和准确性。整合多源数据，构建全面的用户画像。

（2）策略制定。基于数据分析结果，制定有针对性的营销策略，运用 AI 算法进行市场趋势预测、用户需求预测等，为策略制定提供科学依据，从而确定营销目标，定位目标市场，以及选择营销渠道和工具。

（3）策略执行。利用 AI 技术实现营销活动的自动化执行，如自动化邮件营销、社交媒体广告投放等。通过 AI 推荐系统为用户提供个性化的产品推荐和服务建议，并实时监控营销活动进度，以确保策略的有效实施。

（4）效果评估。利用 AI 技术进行营销活动效果评估，包括流量分析、转化率分析及 ROI 分析等。通过数据分析发现营销活动中存在的问题和不足，为策略优化提供事实依据。

专家提醒

ROI（Return on Investment，投资回报率）是指通过投资而应返回的价值，即企业从一项投资活动中得到的经济回报。它反映了投资者从一项投资中获得的收益与为该项投资付出的成本之间的比例。其计算公式为

$$ROI=（净收益÷投资成本）×100\%$$

其中，净收益是指投资项目所带来的总收益减去所有相关成本后的剩余收益；投资成本是指为进行投资所付出的全部成本，包括前期投入资金、运营成本等。

2. AI 驱动的营销策略优化方法

AI 驱动的营销策略优化方法分为以下几个方面。

（1）持续优化数据模型。定期对数据模型进行审查和更新，确保模型的准确性和有效性。根据市场和用户行为变化，调整数据模型的参数和算法，以精细化用户画像。同时不断收集新的用户数据，以丰富和完善用户画像。

（2）实时调整营销策略。利用 AI 技术实时监控市场和用户行为变化，根据实时数据反馈，及时调整营销策略和营销活动方案。

（3）跨渠道整合营销。运用 AI 技术实现跨渠道的数据整合和营销协同，优化不同营销渠道之间的资源配置和互动关系，提升整体营销效果。

（4）多场景应用。将 AI 驱动的营销策略应用于不同的营销场景，如线上购物、线下体验店和社交媒体等。通过多场景应用，进一步提升营销效果和用户体验。

（5）人才培养与团队建设。加强 AI 相关人才的培养和团队建设，提高团队对 AI 技术的掌握程度，这有助于企业更好地应用 AI 技术，推动营销策略的创新和优化。

本章小结

本章通过全面探讨活动营销的定义、重要性及 AI 技术在这一领域的广泛应用，深入分析了现代营销策略的新趋势与变革。AI 还在内容营销与广告投放中实现了个性化内容的生成与精准投放，从而提高了营销效率与转化率。通过本章内容的学习，读者能够更准确地把握用户需求，实现市场细分的精细化操作，并制定出更具针对性的营销活动策略。

课后习题

1. 简要说明活动营销的定义与重要性。
2. 简要说明 AI 在用户洞察与细分中有哪些应用。

第 5 章

AI 在活动场地选择与布置中的应用

在策划与组织各类活动时，活动场地的选择与布置是至关重要的一环。本章将从活动场地选择的关键因素出发，深入探讨场地需求分析与匹配、数据收集与分析的重要性；随后介绍 AI 在场地选择与布置中的创新应用；最后介绍一系列高效、便捷的场地选择与布置工具，包括布局设计软件、装饰与氛围营造工具、项目管理工具及智能化系统集成工具，旨在为活动策划者提供全面、科学的指导与支持。

5.1 活动场地选择的关键因素

在精心筹备各类活动的过程中,活动场地的选择无疑是至关重要的一环,它不仅关乎活动的整体氛围与效果,还直接影响参与者的体验和活动的成功与否。因此,本节将重点介绍这一内容,帮助大家掌握一套系统而有效的活动场地选择策略,确保每一次活动的成功举办。

5.1.1 场地需求分析与匹配

策划任何活动,首要且核心的任务之一便是进行场地需求分析与匹配,这是确保活动顺利进行并达到预期效果的关键前提。场地需求分析涉及对活动性质、规模、主题、目标受众及特殊需求等多方面的综合考虑。

首先,活动性质决定了场地的基本类型,如会议、展览、演出及庆典等,不同类型的活动对场地的功能布局、设施设备有着截然不同的要求。例如,会议活动可能需要配备先进的音响系统、投影设备及舒适的座椅布局,如图 5-1 所示;演出活动则更注重舞台效果、灯光和音响的专业性及观众席的视线设计,如图 5-2 所示。

图 5-1 会议活动的功能布局及设施设备

图 5-2 演出活动的功能布局及设施设备

其次，活动规模直接关系到场地的大小与容纳能力。通过预估参与人数，可以初步确定所需场地的面积、座位数或展位数量，从而筛选出符合要求的候选场地。同时，还需考虑活动期间的人流密度、动线规划及紧急疏散等安全问题。

再次，活动主题与目标受众也是不可忽视的因素。主题鲜明的活动往往需要场地在装饰风格、氛围营造上与之相呼应；目标受众的喜好、习惯则会影响场地选择时的地理位置、交通便利性等方面的考量。

最后，特殊需求的分析同样重要。这包括但不限于无障碍设施、餐饮服务、安全保卫及技术支持等方面的特殊要求。确保场地能够满足这些特殊需求，是提升活动品质、保障参与者权益的重要一环。

在完成场地需求分析后，接下来的步骤便是进行场地匹配。这一过程需要将候选场地的各项条件与活动需求进行逐一比对，综合考虑成本效益、可行性等因素，最终选择出最符合活动需求的场地。通过科学合理的场地需求分析与匹配，可以为活动的成功举办奠定坚实的基础。

5.1.2 场地数据收集与分析

在场地数据收集与分析的过程中，需要按照规定的流程和步骤进行。

1. 收集场地数据

收集场地数据主要包括以下 6 个方面。

（1）开源地图（Open Street Map，OSM）。利用开源地图服务，可以获取建筑街道布局、地块类型分布和建筑属性高度等参数。OSM 是由网络大众共同打造的一项免费开源、可编辑的地图服务。

（2）数字高程模型（Digital Elevation Model，DEM）。通过 DEM 数据，可以实现对地面地形的数字化模拟，了解地形的起伏和变化，为场地分析提供基础数据。

（3）兴趣点（Point of Interest，POI）。POI 数据包含地块上的各种兴趣点，如景点、政府机构、公司、商场和餐馆等，通过 POI 数据可以获取地块的经纬度位置、属性等具体数据。

（4）城市部门数据。许多城市的城市部门会提供 SHAPE 文件或 CAD 文件形式的数据，这些数据包含城市的基础设施、规划信息等，对于场地分析具有重要价值。

（5）在线地图与数据平台。利用 Google Earth（谷歌地球）、百度地图等在线地图工具，可以获取场地的航拍图像、地形地貌等信息。同时，一些专业的数据平台（如地理空间数据云）提供了丰富的地理空间数据资源，可用于场地分析。

（6）现场调研。通过现场踏勘、测量和访谈等方式，收集场地的第一手资料，包括地形地貌、交通状况和周边环境等信息。

> **专家提醒**
>
> SHAPE 文件是一种由 ESRI（Environmental Systems Research Institute，美国环境系统研究所）开发的空间数据开放格式。SHAPE 文件是 GIS（Geographic Information System，地理信息系统）中常用的矢量数据文件格式，用于存储地理对象的位置信息和属性信息。
>
> CAD（Computer Aided Design，计算机辅助设计）文件是由计算机辅助设计软件生成的文件格式，主要用于存储和管理设计数据和元素，包括建筑结构、电路布线和工艺流程图等各种工程图纸。它是一种基于矢量图形的电子文档格式，能够准确地传递设计意图和数据，有助于提高生产效率和产品质量。

2. 分析场地数据

分析场地数据主要包括以下 5 个方面。

（1）地形分析。利用 DEM 数据分析场地的地形起伏、坡度和坡向等，为场地规划和设计提供依据。

（2）交通分析。分析场地周边的交通状况，包括道路等级、交通流量和公共交通设施等，评估场地的可达性和便利性。

（3）环境分析。分析场地周边的自然环境和社会环境，包括气候、水文、植被和人文景观等，评估场地对环境的影响和环境的承载能力。

（4）空间布局分析。根据场地的功能需求和规划要求，分析场地的空间布局和土地利用情况，并提出合理的空间布局方案。

（5）数据可视化。利用 GIS 软件、CAD 软件或专业的数据可视化工具，将收集到的场地数据进行可视化处理，直观展示场地特征和分析结果。

5.2　AI 在场地选择与布置中的技术支持

AI 技术的引入为场地规划与布置带来了革命性的变革，极大地提升了设计效率、精准度和创新能力。通过深度学习和大数据分析，AI 能够迅速处理复杂的场地信息，包括但不限于地形地貌、气候条件、交通状况及用户需求等多维度数据，从而为场地选择与布置提供科学、合理的决策支持。

本节将详细介绍 AI 技术如何为场地选择与布置提供强有力的技术支持，从活动类型与规模的精准识别，到场地功能需求的智能匹配，再到用户偏好与行为的深入分析，全方位展示 AI 如何重塑这一领域的运作模式。

5.2.1 活动类型与规模识别

活动类型与规模的准确识别是场地选择与布置的首要步骤。传统的识别方式往往依赖人工判断和经验积累，不仅耗时费力，还容易受到主观因素的影响，AI 技术的引入则彻底改变了这一状况。

通过自然语言处理和图像识别技术，AI 能够快速解析活动策划书、宣传海报等文本和图像资料，从中提取出活动的关键信息，如活动类型、预计参与人数及活动时长等。这些信息为后续的场地选择与布置提供了重要的参考依据。AI 还能根据历史数据和当前趋势预测活动可能带来的影响，帮助组织者更好地评估场地选择的合理性。

AI 技术在活动类型与规模识别方面的应用远不止于此，它还能利用大数据分析和机器学习算法对历史活动数据进行深入挖掘与分析，从而发现活动类型与规模之间的潜在规律与关联。

此外，AI 还能够结合当前的社会趋势、行业动态及公众兴趣点，预测出未来可能流行的活动类型及潜在的市场规模。这种前瞻性的预测能力，为活动组织者提供了宝贵的决策支持，有助于他们更好地把握市场机遇，规避潜在风险。

5.2.2 场地功能需求匹配

根据活动的具体需求匹配合适的场地，涉及场地位置、面积、设施配备和交通状况等多个方面的考量。传统的场地选择方法往往依赖人工实地考察和比较，效率低下且成本高昂。而 AI 技术能够通过大数据分析和智能算法等功能，快速筛选出符合活动需求的场地。AI 可以根据活动的具体要求，如需要容纳多少人、是否需要特定设施（如舞台、音响设备等）以及对场地环境有何特殊要求等，自动匹配最合适的场地。同时，AI 还能综合考虑场地的可用性、租金和预订情况等因素，为组织者提供最优的选择方案。

随着 AI 技术的飞速发展，它在场地功能需求匹配方面的应用正逐步成为主流。具体而言，AI 在这一过程中的作用体现在以下几个方面。

（1）多维度需求解析。AI 会深入解析活动的具体需求，包括但不限于参与人数、活动流程、设施需求（如舞台、灯光、音响及网络设施等）、环境要求（如室内/室外、温度控制及隔音效果等），以及特殊需求（如无障碍设施、安全标准等）。这一过程基于自然语言处理和语义分析技术，确保了对活动需求全面而准确的理解。

（2）大数据驱动的筛选。借助大数据平台，AI 能够迅速访问并整合全球或特定区域内的场地资源信息，包括场地位置、面积、设施配置、历史使用记录和用户评价等。通过智能算法，AI 能够基于活动的具体需求，从海量数据中筛选出符合条件的场地，极大地缩小了选择范围，提高了效率。

（3）综合评估与优化。在初步筛选出场地后，AI 会进一步综合考虑多个因素进行深度评估。这包括场地的可用性（即是否在活动期间空闲）、租金成本、预订便捷性、交通便利性（如公共交通可达性、停车设施等）、周边设施与服务（如餐饮、住宿和娱乐等），以及潜在的风险因素（如自然灾害风险、安全隐患等）。通过多目标优化算法，AI 能够为组织者提供一套或多套最优的场地选择方案，确保活动在最佳环境中进行。

（4）实时更新与动态调整。AI 系统还具备实时更新和动态调整的能力。随着市场情况的变化（如新场地的出现、现有场地条件的改变等）以及活动需求的微调，AI 能够迅速响应，重新评估并调整场地选择方案，确保组织者始终掌握最新的信息并做出最佳决策。

5.2.3　用户偏好与行为分析

在策划与执行各类活动时，AI 技术在这一领域呈现出显著的优越性。

AI 技术能够广泛收集并整合用户的历史数据，包括但不限于过往参与活动的记录、在线浏览行为及社交媒体互动等信息，并通过复杂的算法揭示用户的深层次偏好与审美倾向。

在场地布置上，AI 不仅能帮助组织者设计符合用户喜好的装饰风格，如现代简约、复古风情或自然生态等，还能精确到色彩搭配、灯光效果和艺术品陈列等细节，营造出高度个性化的空间氛围，让每位用户都能感受到专属的舒适与愉悦。图 5-3 所示为 AI 设计的活动场地装修风格。

图 5-3　AI 设计的活动场地装修风格

另外，AI 通过构建智能推荐系统，实现了对用户需求的即时响应与精准推送。基于用户的兴趣偏好和行为模式，AI 能够动态生成并推送个性化的活动信息，如定制化的日程安排、感兴趣的演讲嘉宾及专属优惠等，极大地提升了信息的有效性和用户的参与意愿。

同时，AI 还能提供智能化的导航与指引服务，利用 AR/VR 技术为用户打造沉浸式体验。无论是在寻找会场、参与互动环节，还是探索周边设施时，用户都能享受到便捷的服务与乐趣，从而增强与场地之间的互动和用户的黏性。

专家提醒

　　AR（Augmented Reality，增强现实）是一种将虚拟信息（如文字、图像、视频和 3D 模型等）叠加到真实世界场景中的技术。它通过使用摄像头、传感器及 GPS 等设备捕捉真实世界的信息，并结合计算机生成的虚拟信息，为用户呈现一个更加丰富、互动和增强的视觉体验。

　　用户可以通过智能手机、平板电脑和 AR 眼镜等设备来体验 AR 技术，与虚拟元素进行互动，获得超越现实的感官享受。

　　VR（Virtual Reality，虚拟现实）是一种利用计算机技术生成的可对参与者直接施加视觉、听觉和触觉感受，并允许他交互地观察和操作的虚拟世界的技术，又称虚拟环境、灵境或人工环境。

　　VR 技术的核心是由一些三维的交互式计算机生成的环境组成，这些环境可以是真实的，也可以是想象的世界模型。其目的是通过人工合成的经历来表示信息，让用户感受到如同身临其境的体验。

　　AI 技术的应用，还使得场地资源的配置更加科学合理。通过对用户行为的预测与分析，AI 能够提前规划并调整场地布局，确保资源的高效利用，避免浪费。

　　基于用户反馈的持续优化，AI 能够不断调整优化策略，确保每一次活动都能最大限度地满足用户需求，提升用户满意度和忠诚度，进而为组织者赢得良好的口碑与更多的商业机会，这不仅有助于提升经济效益，还能推动行业的创新发展，实现社会效益的最大化。

5.3　场地选择与布置工具介绍

　　在活动策划的过程中，场地选择与布置不仅是基础性的工作，更是决定活动成功与否的关键因素之一。为了确保活动场地既能满足功能需求，又能与品牌形象和用户期望相契合，选用合适的工具和技术显得尤为重要。因此，本节将介绍一系列专业而高效的工具，这些工具贯穿了从场地初步规划到最终布置的全过程，旨在帮助活动组织者更加科学、精准地完成场地选择与布置工作。

5.3.1　布局设计软件

　　布局设计软件作为现代场地规划与设计的核心辅助工具，正逐步成为活动策划、室内设计及展览展示等领域的标配,它们不仅简化了传统手绘或手工模型制作的烦琐过程,还通过高度集成化的设计理念和先进的技术手段,为用户提供了高度的设计自由度和效率。

布局设计软件通常采用直观的图形用户界面,使得即便是非专业设计师也能轻松上手。用户只需输入或导入场地的基本信息,如尺寸、形状及障碍物位置等,即可在软件提供的虚拟环境中自由发挥创意。

通过简单的拖曳操作,用户可以将家具、展示柜、舞台设备及照明装置等各类元素添加到场地中,并根据实际需要进行位置调整、大小缩放和旋转等操作。软件实时渲染出布局效果,让用户即刻看到设计方案的实际呈现,从而及时发现问题并进行修改。

为了满足不同用户群体的需求,布局设计软件往往支持多种视图模式。平面图模式提供了场地的基本布局概览,便于用户把握整体结构和空间分配;3D 视图模式则让设计更加立体生动,用户可以像漫步在真实场地中一样,从各个角度审视设计方案,感受空间的层次感和深度。另外,一些软件还提供了 VR 或 AR 功能,使用户能够进行沉浸式设计,并体验更加逼真的效果。

在高级功能方面,许多布局设计软件都配备了自动优化算法。这些算法能够根据用户设定的条件自动调整布局方案,以达到最优的设计效果。市场上存在多款优秀的布局设计软件,如 AutoCAD,它虽然以建筑设计为主,但功能强大,也可用于复杂场地布局。图 5-4 所示为 AutoCAD 设计的活动现场布局。

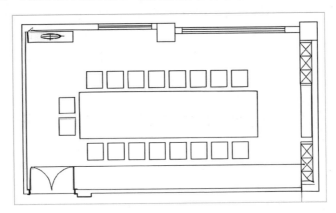

图 5-4　AutoCAD 设计的活动现场布局

除此之外,Revit(专为建筑信息模型设计,支持从设计到施工的全面管理)、Floorplan 360(提供互动式 3D 场地规划体验)和 Planner 5D(内置丰富的家具和装饰素材库,适用于家居和展览设计)也各有特色,活动策划者可以根据自身需求和预算选择最适合自己的工具。

5.3.2 装饰与氛围营造工具

装饰与氛围营造工具在活动策划与执行中扮演着至关重要的角色，它们不仅是提升空间美学价值的利器，还是引导参与者情绪、增强活动沉浸感的关键。这些工具提供了从数字创意到实体布置的全方位解决方案，确保了活动现场能够契合主题，营造独特的氛围。下面分类介绍一系列用于装饰与氛围营造的工具。

1. 设计软件

设计软件共有以下3类。

（1）Adobe Illustrator。作为矢量图形设计的行业标杆，Adobe Illustrator为设计师提供了无限创意空间。通过精确控制线条、形状和色彩，设计师能够设计出精细的图案、标志及装饰元素，为活动增添个性化色彩。

（2）Canva。这是一款用户友好的在线图形设计工具，适合非专业设计师快速上手。Canva内置丰富的模板库，涵盖了节日庆典、企业活动和婚礼等多种场景，用户只需简单编辑，即可生成高质量的装饰设计方案，包括海报、邀请函和背景板等。

（3）SketchUp。虽然主要面向建筑和室内设计，但SketchUp的3D建模能力同样适用于大型活动的场景布局与装饰预览。活动策划者可以创建活动场地的虚拟模型，并添加灯光、家具和装饰物等，以直观的方式呈现最终的视觉效果。

2. 在线资源库

在线资源库共有以下两类。

（1）Pinterest。作为全球知名的创意灵感平台，Pinterest汇集了海量的装饰图片、设计思路和色彩搭配方案。活动策划者可以通过关键词搜索轻松找到符合活动主题的装饰灵感，为设计提供源源不断的创意支持。

（2）Unsplash。作为一个专注于高质量免费图片分享的平台，Unsplash汇集了风格多样的图片，从自然风光到城市街景再到抽象艺术，应有尽有。活动策划者可以从中挑选适合的图片作为活动背景或装饰元素，以提升整体视觉品质。

3. 实体装饰工具

实体装饰工具共有以下3类。

（1）布艺装饰工具。布艺装饰包括桌布、椅套、窗帘和横幅等，通过不同的材质、颜色和图案选择，可以营造出温馨、庄重、活泼或神秘等多种氛围。高质量的布艺装饰不仅能提升活动的整体美感，还能为参与者带来更加舒适的体验。

（2）花卉和绿植。花卉和绿植是营造自然、清新氛围的不二之选，它们不仅可以美化环境，还能净化空气，提升活动现场的生机与活力。根据活动主题和季节变化选择合适的花卉品种与布置方式，可以为活动增添一抹亮色。

（3）灯光。灯光是营造氛围的魔术师，通过调整灯光的色温、亮度和投射角度，可以创造出温馨、浪漫、神秘或激情四溢的氛围。而 LED 灯带、聚光灯和投影灯等现代照明设备的应用，更是让灯光效果变得丰富多彩，为活动现场增添了无限可能。

5.3.3 项目管理工具

项目管理工具扮演着不可或缺的角色，如同指挥官手中的导航仪，确保整个项目团队能够协同作战，高效推进，最终达成既定目标。这些工具集成了任务分配、进度监控、资源调配、沟通协作及数据分析等全方位功能，为活动策划者提供了强大的管理支持。

项目管理工具允许活动策划者根据项目的实际需求制订详细的项目计划，并将任务分解为具体的子任务，分配给相应的团队成员。每个任务都设定了明确的时间节点和责任人，确保了工作任务的透明化和可追溯性。同时，项目管理工具支持实时更新任务状态，让团队成员能够随时掌握项目最新进展，及时调整工作计划。

一些高级项目管理工具不仅具备强大的数据分析功能，还能收集并处理项目实施过程中的各种数据，生成详细的项目报告和图表。这些报告和图表以直观的方式展示了项目的进度、成本和资源利用情况等关键信息，为决策者提供了有力的数据支持。通过深入分析这些数据，决策者可以更加准确地评估项目绩效，制定科学的决策方案，确保项目目标的顺利实现。

下面介绍几款专业的项目管理工具。

（1）Trello：一款轻量级的项目管理工具，以看板形式展示项目任务，支持自定义字段、标签和截止日期等，适合团队协作和敏捷开发。

（2）Asana：提供强大的任务管理和团队协作功能，支持任务依赖关系、工作流自动化和文件附件等，适合复杂项目的管理。

（3）Jira：一款专为软件开发团队设计的项目管理工具，具备丰富的自定义选项、强大的报告和分析能力，以及与其他 Atlassian 产品的无缝集成。

（4）Microsoft Project：一款功能全面的项目管理软件，支持创建复杂的项目计划，进行资源调度和成本估算，并生成专业的项目报告和图表。

5.3.4 智能化系统集成工具

智能化系统集成工具已成为场地选择及布置过程中不可或缺的一部分，它们不仅极大地提升了场地管理的效率与便捷性，还通过先进的技术手段为活动现场带来了前所未有的科技感与舒适度。智能化系统融合了物联网、大数据和人工智能等前沿技术，实现了对场地内各类设备的智能化控制与管理。下面着重介绍 3 类常见的智能化系统。

1. 智能照明系统

智能照明系统能够根据活动场景的需求自动调节光线的亮度、色温及分布范围，营造出恰到好处的氛围。通过预设的照明场景模式，如"浪漫晚宴""活力派对"等，活动组织者可以一键切换，实现快速而精准的照明效果调整。此外，智能照明系统还具备节能环保的特性，能够根据实际使用情况自动调整照明强度，降低能源损耗。图 5-5 所示为智能照明系统的功能示例。

图 5-5　智能照明系统的功能示例

2. 音响系统

高质量的音响系统是活动现场不可或缺的一部分，如图 5-6 所示。现代音响系统不仅要求声音清晰、音质优良，还需要具备强大的扩声能力和精准的声场定位。通过采用数字音频处理技术、智能混音算法及高保真扬声器，音响系统能够确保每一个角落的听众都能享受到最佳的听觉体验。同时，音响系统还支持远程控制、无线传输等功能，方便活动组织者进行灵活调整。

图 5-6　音响系统示例

3. 安防监控系统

活动现场的安全与有序是活动组织者最关心的问题之一。安防监控系统通过安装高清摄像头、红外探测器以及人脸识别等设备，对场地内外进行全天候、无死角的监控。一旦发生异常情况，系统能够立即触发警报并通知相关人员进行处理。另外，安防监控系统还支持视频回放、数据分析等功能，为活动组织者提供全面的安全保障和决策支持。

本 章 小 结

本章介绍了 AI 在活动场地选择与布置中的应用，这不仅为活动策划者提供了新的视角，也极大地提高了场地选择和布置的效率与个性化水平。通过本章内容的学习，读者不仅能够利用 AI 技术来优化活动场地的选择和布置，还可以了解各种辅助工具的功能，这将有助于读者在未来策划出更加专业和吸引人的活动。

课 后 习 题

1. 列举场地数据收集用到的几种方法。
2. 列举几款布局与设计软件，并说明其优点。

第 6 章

AI 在活动效果评估与优化中的应用

随着 AI 技术的飞速发展,其在活动效果评估与优化领域的应用日益广泛。本章将首先阐述活动效果评估的意义,明确活动效果的定义、范畴,以及评估的重要性与必要性;其次,深入研究 AI 在活动效果评估中的技术应用,包括模型构建、数据收集与处理等关键环节;最后,基于 AI 的独特优势,提出一系列活动优化策略,旨在突破传统方法的局限性,实现活动效果的精准提升。

6.1 活动效果评估的意义

在竞争激烈的市场环境中，活动效果评估不仅是衡量营销活动成功与否的标尺，还是企业策略调整与资源优化的关键依据，它为企业提供了宝贵的反馈机制，确保每一分投入都能精准地转化为市场回报，为后续的营销活动指明方向。因此，深入探讨活动效果评估的意义，对于提升企业的市场竞争力具有不可估量的价值。

6.1.1 活动效果的定义与范畴

活动效果是指企业为达成特定市场目标而策划并执行的一系列营销活动所取得的实际成果或影响。这些活动可能包括但不限于产品推广、品牌宣传、促销活动及线上线下的互动体验等。活动效果直接关系到企业市场战略的成败，是衡量营销活动是否达到预期目标的重要标准。

活动效果的范畴广泛而复杂，涵盖了多个维度和层面。

（1）销售效果。最直接且显性的活动效果莫过于销售业绩的提升，这包括销售额的增长、市场份额的扩大和销售渠道的拓展等。销售效果是评估活动成功与否的硬指标之一。

（2）品牌影响。除了直接的销售效果外，活动还可能对品牌形象和知名度产生深远影响。品牌形象的提升、品牌忠诚度的增强以及品牌口碑的改善等，都是活动效果的重要组成部分。

（3）市场反应。市场反应是衡量活动效果的重要参考，包括用户对活动的关注度、参与度、满意度及后续行为（如复购、推荐等）。市场反应的好坏，直接反映了活动策略的市场适应性和吸引力。

（4）成本效益。活动效果的评估还需要考虑成本效益，即活动所投入的资源（人力、物力和财力等）与所取得的效果之间的比例关系。高效的活动能够以最少的投入获得最大的产出，实现资源的最优配置。

（5）社会效应。在某些情况下，活动还可能产生一定的社会效应。例如，公益活动能够提升企业的社会责任感形象，环保活动能够推动社会的可持续发展等。这些社会效应虽然难以直接量化，但对于企业品牌形象和长期发展同样具有重要意义。

6.1.2 评估的重要性与必要性

活动效果评估作为市场营销活动中不可或缺的一环，其重要性与必要性不言而喻。下面将从多个维度阐述活动效果评估的重要性与必要性。

1. 活动效果评估的重要性

活动效果评估的重要性表现在以下4个方面。

（1）指导决策制定。活动效果评估的结果能够为企业提供宝贵的数据支持，帮助企业了解市场反应、用户偏好及活动策略的有效性。这些数据是企业制定后续市场战略、调整产品方向和优化资源配置的重要依据。例如，使用百度指数分析关键词搜索量，可以衡量活动知名度和热度，了解活动在搜索引擎上的曝光情况，相关示例如图6-1所示。

图6-1 百度指数分析的相关示例

（2）提升市场竞争力。通过活动效果评估，企业能够及时发现自身在市场竞争中的优势和不足，从而有针对性地改进产品和服务。这种持续改进的能力有助于企业保持市场竞争力，以应对市场变化。

（3）优化资源配置。活动效果评估有助于企业了解各项资源的投入与产出比例，从而优化资源配置。企业可以根据评估结果调整预算分配、人员配置等，确保资源能够得到最有效的利用。

（4）增强团队凝聚力。活动效果评估不仅是对活动本身的评估，也是对参与活动团队的评估。通过评估，企业可以表彰优秀团队和个人，激发团队士气，增强团队的凝聚力。

2. 活动效果评估的必要性

活动效果评估的必要性表现在以下4个方面。

（1）确保活动目标达成。活动效果评估是检验活动是否达成预期目标的重要手段，企业通过效果评估能了解活动是否真正实现了预期的销售增长、品牌提升等目标。

（2）提高投资回报率。活动往往需要投入大量的人力、物力和财力。通过评估活动效果，企业可以了解投资的回报情况，从而决定是否继续投入或调整投资策略，这有助于企业提高投资回报率，避免资源浪费。

（3）促进持续改进。市场环境和用户需求不断变化，企业需要不断创新和改进以适应这些变化。活动效果评估能够为企业提供反馈和建议，帮助企业发现存在的问题和不足，从而推动企业持续改进和优化。

（4）建立信任与透明度。对于企业内部而言，活动效果评估有助于建立信任和透明机制。通过公开、公正的评估过程，企业能够确保各部门之间的信息共享和协同合作，从而提高整体运营效率。

6.2 AI在活动效果评估中的技术应用

如今，活动效果评估不再仅仅依赖传统的统计方法和人工分析，而是越来越多地融入了AI技术。AI以强大的数据处理能力、深度学习能力及自动化优势，正在重新定义活动效果评估的边界，为企业提供更加精准、高效的评估手段。

本节将详细介绍AI在活动效果评估中的技术应用，展现它为企业带来的巨大价值。通过深入学习和理解这些内容，大家能够更好地把握市场脉搏，制定更加科学、有效的营销策略，从而在激烈的市场竞争中占据有利地位。

6.2.1 AI在模型构建与优化中的应用

传统的评估模型往往受限于数据处理的复杂性和分析方法的局限性，难以全面、准确地反映活动的实际效果。而AI技术的兴起，为活动效果评估模型的构建与优化带来了革命性的变化。下面分别从模型构建与模型优化两个方面来介绍AI的应用。

1. AI在模型构建中的应用

AI在模型构建中的应用包括以下3个方面。

（1）数据驱动的模型设计。AI技术基于大数据分析能力，能够深入挖掘市场数据中的潜在信息和规律，为评估模型的构建提供有力的数据支持。通过AI算法对海量数据的处理，企业可以更加精准地识别活动的关键指标和影响因素，从而设计出更加符合市场实际需求的评估模型。

（2）自动化模型构建。传统的评估模型构建过程烦琐且耗时，需要人工进行大量的数据分析和模型调试；而 AI 技术能够实现评估模型的自动化构建，通过机器学习算法自动学习数据特征并生成评估模型，相关示例如图 6-2 所示。这一过程不仅大大提高了模型构建的效率，还有效减少了人为因素对模型准确性的干扰。

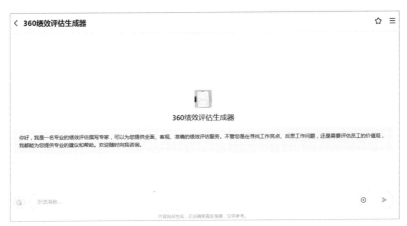

图 6-2　AI 评估模型的相关示例

（3）复杂模型的处理能力。随着市场环境的日益复杂，活动效果评估模型需要具备处理复杂数据关系和模式的能力。AI 技术的深度学习功能能够处理非线性、高维度的数据关系，构建出更复杂且精准的评估模型。这些模型能够更好地捕捉市场变化，从而提高评估的准确性。

2. AI 在模型优化中的应用

AI 在模型优化中的应用包括以下 3 个方面。

（1）实时反馈与迭代。AI 技术能够实现评估模型的实时反馈和迭代优化。通过实时监测市场数据和活动效果，AI 可以自动调整模型参数，优化模型结构，确保评估结果的时效性和准确性。这种实时优化的能力使评估模型能够更好地适应市场变化，从而提高评估的灵活性。

（2）个性化评估策略。AI 技术还能够根据活动的特点和目标受众的不同提供个性化的评估策略。通过分析用户行为、兴趣偏好等数据，AI 可以构建针对不同用户群体的评估模型，实现更加精准的评估。这种个性化的评估方式有助于企业更好地了解用户需求，优化活动策略。

（3）预测与优化。AI 技术不仅能够对已发生的数据进行分析和评估，还能够基于历史数据和市场趋势进行预测。通过构建预测模型，AI 可以预测未来活动的可能效果，为企业的市场决策提供前瞻性支持。同时，AI 还能够根据预测结果对活动策略进行优化调整，从而提升活动的成功率和效果。

6.2.2 AI在数据收集与处理中的应用

活动效果评估是衡量活动成功与否的关键环节，它需要全面、准确的数据支持。AI强大的数据处理能力、自动化流程及预测分析能力为活动效果评估带来了新的机遇。下面分别从数据收集与数据处理两个方面来介绍AI的应用。

1. AI在数据收集中的应用

AI在数据收集中的应用非常广泛，主要包括以下两个方面。

（1）自动化数据采集。AI技术能够通过自动化工具（如爬虫、API等）实时、准确地从多个渠道（如社交媒体、网站和App等）抓取活动相关数据，包括参与人数、互动量和转化率等关键指标，大大减轻了人工负担。

专家提醒

API（Application Programming Interface，应用程序编程接口）可以视为一系列预先定义的函数、规范或协议，通过这些函数、规范或协议，不同的应用程序或软件组件之间可以进行数据交换和功能调用，从而实现彼此间的互操作和集成。

（2）智能识别与分类。利用自然语言处理和图像识别技术，AI能够自动识别和分类海量非结构化数据（如用户评论、图片和视频等），提取出有价值的信息用于后续分析，这提高了数据处理的效率和准确性，相关示例如图6-3所示。

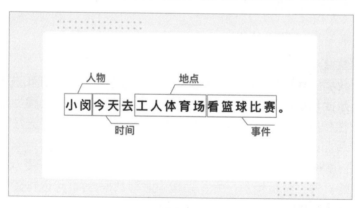

图6-3　AI识别非结构化数据的相关示例

2. AI在数据处理中的应用

AI在数据处理中的应用包括以下两个方面。

（1）数据清洗与去重。AI算法能够自动识别并处理数据中的异常值、缺失值及重复项，确保数据质量，为后续分析打下坚实基础。

（2）多维度分析。借助 AI 的强大数据处理能力，可以对收集到的数据进行多维度、深层次的挖掘，如用户行为分析、趋势预测等，帮助组织者更加全面地了解活动效果。

6.3　基于 AI 的活动优化策略

活动策划与执行正逐步迈入智能化新阶段，传统活动优化方法虽然有一定成效，但面对复杂多变的市场环境和用户需求，其局限性日益凸显。为了实现活动的精准定位与高效执行，基于 AI 的活动优化策略应运而生。

本节将介绍 AI 如何突破传统方法的束缚，通过关键环节的智能化改造，助力活动需求分析与目标设定的精准化，为活动策划者提供一套全新的、高效的优化路径。

6.3.1　传统活动优化方法的局限性

随着数字化时代的迅速发展，传统的活动优化方法已逐渐成为过去式，其局限性与陈旧性日益凸显。

首先，传统活动优化方法往往依赖经验主义和直觉判断。这种方法在数据量较小、市场环境相对稳定的时期或许能够奏效，但随着大数据时代的到来，仅凭经验与直觉已难以应对海量信息和快速变化的市场需求。缺乏数据驱动的决策过程，使得活动优化往往停留在表面，难以触及问题的本质。

其次，传统活动优化方法在处理活动反馈和效果评估时存在滞后性。活动结束后，通过问卷调查、用户反馈等方式收集数据，再进行分析和总结，这一流程不仅耗时较长，而且容易忽略实时数据的重要性。在快速变化的市场中，这种滞后性可能导致活动优化策略无法及时响应市场变化，从而错失良机。

最后，传统活动优化方法往往忽视了个性化需求的重要性。随着用户需求的日益多样化和个性化，传统的"一刀切"式优化策略已难以满足市场需求。不同用户群体对活动的期望和反应各不相同，需要进行更加精细化的分析和定制化的优化策略。然而，传统活动优化方法在这方面的能力相对有限，难以实现真正的个性化优化。

6.3.2　AI 在活动优化中的关键环节

AI 在活动优化中的关键环节是数据收集与预处理。AI 能够自动化地从多个渠道收集海量数据。同时，AI 还能对数据进行清洗、去重和转换等预处理操作，确保数据的准确性和一致性，为后续的分析和决策提供坚实的数据基础。

在数据收集与预处理完成后，AI 便能够运用强大的算法模型对数据进行深入分析。通过机器学习、深度学习等技术，AI 能够发现数据中的隐藏模式、关联性和趋势，为活动策划者提供前所未有的洞察力。这些洞察不仅揭示了用户的真实需求和偏好，还能预测活动的潜在效果和市场反应，为优化策略的制定提供科学依据。

基于智能分析的结果，AI 能够为用户提供个性化的推荐和定制服务。通过分析用户的历史行为、兴趣偏好及实时数据，AI 能够精准地为用户推送符合需求的活动信息和内容。这种个性化的推荐和定制服务不仅能够提升用户的参与度及满意度，还能有效提升活动的转化率和效果。

AI 在活动优化中的另一个关键环节是实时反馈与动态调整。AI 不仅能够实时监测活动的运行情况，还能根据实时数据反馈进行动态调整。这种实时反馈机制使活动策划者能够迅速且高效地响应市场变化和用户反馈，及时调整优化策略，确保活动始终保持最佳状态。

本 章 小 结

本章介绍了 AI 在活动效果评估与优化中的广泛应用与重要价值。通过本章内容的学习，读者不仅能够了解活动效果的定义、范畴及评估的重要性，还能认识到精准评估对于提升活动效能的必要性。同时，本章也展示了 AI 技术在评估模型构建、数据收集与处理中的创新应用，并阐述了 AI 如何提升评估的准确性和效率。此外，本章还揭示了传统活动优化方法的局限性，并详细描述了 AI 在优化策略中的关键环节，为活动优化提供了新的思路和方法。

课 后 习 题

1. 简要说明活动效果的定义。
2. 谈谈 AI 在数据处理中的应用。

第 7 章

广告行业的 AI 活动策划与执行

在当今的数字化浪潮中,广告行业正经历着前所未有的变革。本章将深入探讨广告行业如何借助 AI 技术,开启活动策划与执行的新篇章。同时,本章通过一些经典的案例,带大家一窥 AI 如何深度融入广告行业活动,引领行业迈向更智能、更高效的未来。

7.1 AI 在广告行业中的应用与优势分析

在广告行业日新月异的今天，AI 技术的融入正引领着一场关键的变革。本节将详细介绍 AI 技术应用于广告行业的多重优势。

首先，AI 通过数据分析与智能优化，能显著提升广告的质量与效率，确保信息精准触达目标受众；其次，AI 技术促进了创意技术的平权化，使得中小企业也能拥有与大品牌相媲美的创意表现能力；最后，深入研究 AI 驱动的全链营销体系，实现了广告流程的智能化与自动化，为广告行业带来了前所未有的发展机遇。这些优势共同构成了 AI 技术在广告行业中不可或缺的重要地位。

7.1.1 提升广告质量与效率

在广告行业的核心竞争力中，广告质量与效率是决定成败的关键因素。AI 技术的深度融入，为这两大方面带来了显著的提升。下面将详细介绍 AI 是如何提升广告质量与效率的。

（1）以大数据分析挖掘消费者动向。AI 通过强大的大数据分析能力，能够深入挖掘并理解消费者的心理。图 7-1 所示为消费者动向的具体类型。这种洞察能力突破了传统市场调研的局限性，使得广告内容的策划与创意能够更加精准地触及目标受众的心灵。

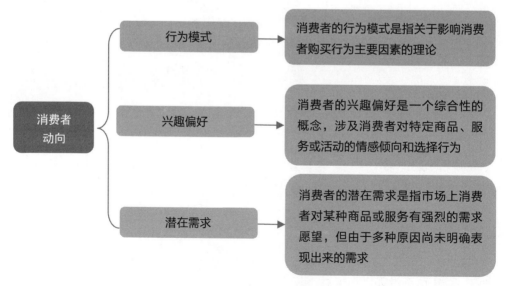

图 7-1　消费者动向的具体类型

专家提醒

AI 不仅可以分析现有的消费数据，还能预测未来的市场趋势，确保广告内容始终与消费者的需求和期望保持同步。这种高度相关性和个性化的广告内容，自然而然地增强了广告的吸引力，提升了广告的整体质量。

（2）以先进技术辅助创意。AI 还能在广告创意阶段发挥巨大作用。通过自然语言处理、图像识别等先进技术，AI 能够辅助广告创意人员生成新颖、独特的广告方案。这些方案往往融合了大数据的洞察与人类的创意灵感，实现了艺术与科学的完美结合，进一步提升了广告的艺术价值和观赏体验。

（3）以自动化处理能力简化任务流程。在广告制作流程中，AI 技术的应用极大地简化了烦琐的任务，实现了自动化和智能化。从最初的素材收集与筛选，到后续的排版设计、色彩搭配和文案撰写等环节，AI 都能以惊人的速度和准确性完成任务。

（4）以机器学习算法不断优化广告制作流程。在不断的学习和迭代中，AI 能够识别制作流程中的瓶颈和冗余环节，提出改进建议，并自动调整工作流程。这种持续优化的能力使得广告制作团队能够更加专注于创意和策略的制定，而不必在琐碎的技术问题上耗费时间和精力。

7.1.2 创意技术平权化

在传统广告行业的生态系统中，创意资源往往呈现向大型企业倾斜的态势，这是由于大型企业拥有雄厚的资金、技术和人才储备，能够投入更多资源于创意开发和执行上。

相比之下，中小企业由于资源有限，往往在创意表现上难以与大品牌相媲美。这不仅限制了它们的市场竞争力，也影响了整个广告行业的多样性和创新性。随着 AI 技术的飞速发展，这一不平衡现象正逐渐被打破，AI 创意工具的普及极大地降低了创意制作的门槛。中小企业不必再依赖少数创意人才或外部广告公司，而是可以自主利用这些工具进行创意开发和制作。这不仅节省了成本和时间，还提高了创意的灵活性和多样性。

随着越来越多的中小企业开始运用 AI 创意工具进行广告创作，整个广告市场的创意氛围将变得更加活跃和包容，创意技术的平权化也将成为不可逆转的趋势。

7.1.3 全链 AI 营销

全链 AI 营销流程是一个从策略制定到效果评估的全面、闭环的营销过程，它充分利用了 AI 技术来优化和提升营销活动的效率与效果。下面介绍 AI 全链营销的几大环节。

（1）起始阶段。AI 技术通过大数据分析，能够迅速捕捉市场动态，分析行业趋势，挖掘潜在的市场机会。同时，借助先进的用户画像技术，AI 能够深入洞察消费者的兴趣偏好、购买行为和社交互动等多维度信息，从而精准定位目标受众群体。

（2）策略制定。AI 能够根据市场调研结果和受众分析数据，智能推荐最适合的营销渠道、内容形式和投放时机。同时，结合 AI 辅助创意生成工具，广告主可以快速获得高质量的广告创意方案，这些方案不仅符合品牌调性，还能有效触达并吸引目标受众。

（3）广告执行。AI 技术能够实现广告的自动化投放和智能优化。通过实时监测广告展示量、点击率和转化率等关键指标，AI 能够迅速评估广告效果，并基于这些数据自动调整投放策略，如调整出价、优化关键词及更换创意等，以确保广告效果的最大化。图 7-2 所示为广告执行的具体步骤。

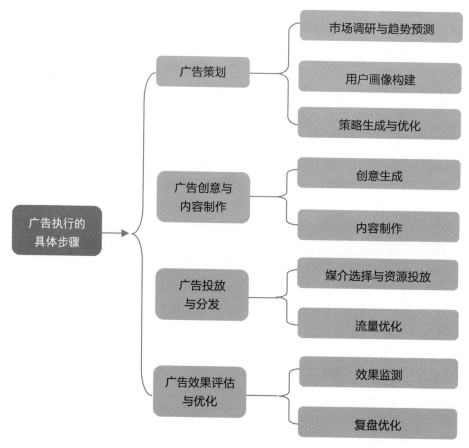

图 7-2　广告执行的具体步骤

（4）全面评估。通过对比不同渠道、不同创意和不同时间段的广告效果，AI 能够揭示哪些因素对广告成功起到了关键作用，哪些环节还有待改进。基于这些评估结果，广告主可以进一步优化营销策略，为未来的营销活动提供更为精准的指导。

7.2 AI 在广告行业活动策划与执行中的作用

如今，AI 技术的融入正改变着广告行业活动策划与执行的面貌。本节旨在研究这一前沿科技如何为广告行业带来开拓性的改变。

通过精准定位目标受众，AI 不仅提升了市场细分的精度，还确保了广告信息能够触达最具潜力的消费群体。进而，在策略制定与预算分配环节，AI 的数据分析能力助力广告主优化资源配置，实现效益最大化。智能投放和匹配技术的应用使广告内容能够自动适应不同平台与受众偏好，实现高效、精准的营销传播，从而开启广告行业的新篇章。

7.2.1 精准定位目标受众

在竞争激烈的广告市场中，精准定位目标受众无疑是确保广告活动成功的关键。在传统方式下，广告主主要依赖市场调研问卷、消费者访谈及有限的数据分析来勾勒目标群体的轮廓，但这些方法往往受限于样本量的大小、数据收集的全面性以及人工分析的主观性和效率问题。

随着数据量的爆炸性增长，传统手段显得力不从心，难以捕捉到每一个细微的消费者行为和偏好变化。AI 技术的出现，为广告行业带来了新的机遇，借助大数据和先进的机器学习算法，AI 能够深入挖掘并解析海量数据中隐藏的信息。

AI 不仅能追踪消费者的在线行为轨迹，如浏览记录、搜索关键词和社交媒体互动等，还能结合线下购物记录、支付习惯等多维度数据，构建出一个个生动、立体且高度精细化的用户画像，相关示例如图 7-3 所示。这些用户画像不是简单的数据堆砌，而是基于复杂算法和模型计算得出的深刻洞察。它们能够揭示消费者的兴趣偏好、生活方式、价值观及潜在需求，为广告主提供敏锐的市场洞察能力。有了这些画像作为指引，广告主便能轻松、准确地锁定那些最有可能对广告内容产生兴趣和行动的目标受众。

更重要的是，AI 还具备动态学习和自我优化的能力。随着新数据的不断涌入，用户画像会不断被丰富和完善，使得定位更加精准。同时，AI 还能根据广告活动的实际效果反馈自动调整目标受众的筛选标准，确保每一次广告推送都能精准触达最有价值的潜在客户。

这种基于 AI 的精准定位策略，不仅大幅提高了广告的曝光率和点击率，更重要的是增强了广告与受众之间的关联性。通过个性化推送，广告内容能够更加贴近受众的需求和兴趣，从而激发他们更高的参与度和购买意愿。这种转变无疑为广告行业带来了更加高效、精准和可持续的增长模式。

图7-3 用户画像构建的相关示例

7.2.2 智能投放与匹配

首先，AI 通过深度学习和复杂的算法模型，能够全面分析广告内容、受众特征及投放平台等多个维度的信息。它理解每一条广告的独特卖点，洞悉目标受众的细微差异，同时熟悉不同投放平台的用户行为模式和偏好。基于这些全面的理解，AI 能够自动选择最合适的投放时机和渠道，确保广告在正确的时间以正确的方式触达最合适的受众。这种精准投放不仅提高了广告的曝光质量，也减少了无效曝光导致的资源浪费。

其次，AI 的智能监控与实时调整能力是它在广告投放中的另一大亮点。传统的广告投放往往依赖人工监控和定期评估，但这种方式往往滞后于市场变化，难以及时捕捉并响应。AI 则能够实时监测广告效果，一旦发现效果不佳或市场发展趋势变化，就会立即启动调整机制，自动优化出价策略、精选关键词及更换创意内容等，以最快的速度适应市场变化，确保广告效果的最大化。

更为重要的是，AI 通过算法匹配技术，实现了广告内容与受众兴趣的精准对接。它深入分析受众的历史行为数据、兴趣偏好及当前需求，将最符合受众兴趣的广告内容推送到其面前。

7.3 使用文心一言策划广告行业活动

依托百度强大的深度学习技术与海量的知识图谱,文心一言不仅能够精准理解人类语言,还能进行高质量的内容创作与对话交互,展现了 AI 在理解、思考乃至创新层面的非凡能力。

凭借强大的语义分析、情感识别与创意生成能力,文心一言不仅能够快速捕捉市场趋势与消费者心理,为活动策划者提供精准的数据支持与洞察分析;还能在创意构思阶段,基于深度学习的算法模型自动生成多样化的广告文案、故事脚本乃至活动方案,极大地丰富了创意的广度与深度,使广告活动更加贴近目标受众,触达人心。

因此,借助文心一言的力量策划广告行业活动,不仅是对传统策划流程的一次智能化升级,更是对未来广告形态与营销趋势的一次勇敢探索。本节主要介绍使用文心一言策划广告行业活动的实战技巧,旨在为广告行业注入新的活力和创造更多的可能。

7.3.1 AI 活动策划 1:广告展览

广告展览活动是一类旨在展示广告行业最新成果,促进广告技术与创意交流,加强行业内外合作与沟通的大型活动。这些活动通常会集了广告界的精英、企业代表、媒体人士及广大观众,通过展览展示、论坛研讨、商务洽谈等多种形式,共同推动广告行业的创新与发展。

下面是一个使用文心一言策划的广告展览活动案例。

> 🧑 **提示词**
>
> 请根据"国际广告标识展览会"这一活动主题,制定一个广告展览活动的策划与执行方案,具体内容包括展会时间、展馆名称、主办单位、展会介绍、展出面积、参展范围、组展优势。

> 🅖 **文心一言**
>
> **"国际广告标识展览会"策划与执行方案**
>
> 一、展会基本信息
> - 展会时间:2024 年 10 月 15 日至 10 月 17 日。
> - 展馆名称:××国际展览中心(新馆)。
> - 主办单位:××广告协会、××国际广告标识行业协会、××展览集团。
>
> 二、展会介绍
> 国际广告标识展览会(简称"国际广标展")是亚洲乃至全球最具影响力的广告

标识行业盛会之一。本届展会以"创新引领·智绘未来"为主题，汇聚全球广告标识行业的最新技术、产品与服务，旨在搭建一个集展示、交流、合作于一体的国际化平台，以推动广告标识行业的创新与发展。

展会将吸引来自世界各地的参展商、观众及行业媒体，共同探讨广告标识行业的未来发展趋势，促进全球广告标识产业链的深度融合。

三、展出面积

预计总展出面积达 5 万平方米，设置国际标准展位 2 000 余个，分为室内展馆和室外展区，以满足不同类型参展商的展示需求。

四、参展范围

- 广告制作技术：……
- 标识标牌系统：……
- 数字广告媒体：……
- 照明与亮化：……
- 广告材料：……
- 广告设计软件与解决方案：……
- 广告服务与咨询：……

五、组展优势

- 权威主办，品牌保障：……
- 全球视野，国际平台：……
- 精准定位，专业观众：……
- 丰富活动，深度交流：……
- 优质服务，无忧参展：……
- 媒体宣传，广泛传播：……

通过以上策划与执行方案的实施，国际广告标识展览会将成为推动全球广告标识行业发展的重要力量，为参展商和观众带来前所未有的商机与体验。

专家提醒

由于篇幅原因，AI 工具回复的内容只展示要点，详细的回复文案，请看随书提供的完整效果文件。

7.3.2　AI 活动策划 2：数字广告

数字广告活动是指利用数字化手段进行广告宣传和推广的一系列活动。这种活动主要通过互联网、移动设备和大数据技术等数字化渠道进行，旨在通过各种数字平台向目标受众传递广告信息，以实现品牌推广、产品销售和市场拓展等营销目标。

下面是一个使用文心一言策划的数字广告活动案例。

提示词

请根据"××牙膏富媒体数字广告"这一活动主题,制定一个数字广告活动的策划与执行方案,具体内容包括案例背景、广告目的、项目分析、营销策略、效果预测与评估。

文心一言

"××牙膏富媒体数字广告"活动策划与执行方案

一、案例背景

随着数字媒体的迅猛发展,消费者获取信息的渠道日益多元化,传统广告形式已难以满足品牌与消费者深度互动的需求。××牙膏作为拥有悠久历史的民族品牌,为了进一步巩固市场地位、提升品牌形象,并增强与年轻消费群体的连接,决定推出"××牙膏富媒体数字广告"活动。本次活动旨在通过创新的富媒体广告形式展现产品优势,传递品牌理念,吸引更多年轻消费者的关注与喜爱。

二、广告目的

- 提升品牌知名度:通过富媒体广告的广泛传播,增强××牙膏在年轻消费群体中的品牌认知度。
- 促进产品销售:利用富媒体广告的互动性和趣味性,激发消费者的购买欲望,促进产品销售。
- 增强品牌忠诚度:通过传递××牙膏的品牌故事和价值观,加深消费者对品牌的情感认同,提升品牌忠诚度。

三、项目分析

- 目标受众:以18~35岁的年轻消费者为主,他们注重生活品质,追求健康、时尚的生活方式,对新鲜事物充满好奇。
- 市场环境:当前口腔护理市场竞争激烈,各大品牌纷纷加大营销投入,并通过数字化手段吸引消费者。××牙膏需要借助富媒体广告的创新形式,在众多品牌中脱颖而出。

四、营销策略

- 多渠道投放:……
- 精准定位:……
- KOL(Key Opinion Leader,关键意见领袖)合作:……

五、效果预测与评估

(1)效果预测。……

(2)评估指标。

- 曝光量：……
- 点击率/互动率：……
- 转化率：……
- 品牌提及度：……
- ROI（投资回报率）：……

通过××牙膏完备的策划执行方案设计，这个项目对数字广告行业的繁荣发展有关键影响和作用。

7.4 广告行业的 AI 活动执行案例分析

广告行业作为市场营销的重要组成部分，旨在通过充满创意的沟通手段，向目标受众传达产品或服务的信息，以促进销售、增强品牌知名度或塑造品牌形象。

传统的广告活动往往依赖人类的创意策划、设计执行及市场反馈分析。然而，随着科技的进步，特别是人工智能技术的崛起，广告行业正经历着根本性的革新与重塑。本节将通过具体案例对广告行业的 AI 活动执行进行分析。

7.4.1 可口可乐：春节心愿团纹

在 2024 年龙年新春之际，全球饮料巨头可口可乐发起了一场有趣的创意盛事——"新春祥龙·心愿共绘"活动。此活动巧妙融合了 AI 技术与传统文化，邀请全球消费者共同创造一幅全新的数字艺术巨作。活动以吉尼斯挑战的形式，激发了公众的无限想象和参与热情。

参与者只需拿起手机，扫描可口可乐特制瓶身上的二维码，上传自己的新年心愿和一张代表个人或家庭的照片，AI 技术随即便能将这些元素转化为独一无二的"心愿团纹"，相关示例如图 7-4 所示。

这些团纹不仅是个人愿望的视觉表达，更是连接每个家庭的情感纽带。下面对可口可乐 AI 活动的执行策略进行详细的分析。

（1）创新融合，文化赋能。可口可乐巧妙地将 AI 技术与中国传统文化中的"龙"元素相结合，不仅展现了品牌的创新精神，也赋予了产品更深的文化内涵。这种文化赋能的策略，有效提升了品牌的文化价值和情感共鸣。

（2）用户参与，共创价值。通过邀请全民参与共创，可口可乐成功地将用户从被动接收者转变为内容创作者和传播者。这种用户参与的模式，不仅增强了活动的趣味性和互动性，也极大地提升了品牌的市场影响力和用户黏性。

（3）情感连接，深化品牌关系。活动聚焦于"家"与"团聚"两大主题，通过 AI 技术搭建起家人之间沟通的桥梁，让身处不同地域的亲人能够共同参与到这一具有仪式感的活动中来。这种情感连接不仅加深了家庭成员间的相互理解与支持，而且进一步强化了消费者对可口可乐品牌的情感认同和忠诚度。

图 7-4　可口可乐的"心愿团纹"

7.4.2　肯德基：与 AI 对话

在广告行业日益追求创新与个性化体验的当下，肯德基以其独特的视角和前沿的 AI 技术，为 K 萨系列新品的推广打造了一场别开生面的营销活动。通过邀请品牌代言人朱一龙共同创作《初次体验与 AI 对话》视频，肯德基成功地将 AI 元素融入品牌宣传活动中，为消费者带来了耳目一新的体验，相关示例如图 7-5 所示。

图 7-5　肯德基 AIGC 宣传视频

K萨系列作为肯德基的明星产品，一直备受消费者喜爱。为了进一步提升产品知名度，吸引更多年轻消费者，肯德基决定采用AI技术，结合品牌代言人朱一龙的影响力，打造一场独特的营销活动。通过《初次体验与AI对话》视频，肯德基旨在展示K萨系列的独特魅力，同时传递品牌对于创新与科技的追求。

在视频中，肯德基巧妙地运用了AI对话技术，让朱一龙与AI进行了一场别开生面的互动。朱一龙向AI提问，如"K萨系列的食材是如何选择的？""烹饪过程中有哪些独特之处？"等，AI则以智能、幽默的方式一一作答，不仅解答了消费者的疑惑，还通过对话的形式展现了K萨系列的食材来源、烹饪工艺等亮点。

另外，肯德基还通过AI技术对视频进行了智能化处理，如智能配音、智能字幕等，进一步提升了视频的观赏性和传播效果。同时，肯德基还在视频中穿插了K萨系列的制作过程和产品展示，让消费者在欣赏视频的同时，也能更加直观地了解产品的特点和优势。

《初次体验与AI对话》视频一经发布，便迅速引发了消费者的关注和热议。朱一龙的粉丝群体以及广大消费者对视频中的AI对话和K萨系列新品产生了浓厚的兴趣，他们纷纷在社交媒体上分享和讨论。这一活动不仅成功提升了K萨系列新品的知名度和销量，还进一步巩固了肯德基在消费者心中的品牌形象。

7.4.3　Silverside AI：用AI拓展图书的市场潜力

在当今广告与媒体行业，AI正以前所未有的方式重塑内容创作与分发模式，其中Silverside AI推出的Hypnovels工具便是一个鲜明的例证。Hypnovels工具巧妙地将经典文学作品转化为动态图形小说，相关示例如图7-6所示。这不仅为传统文学披上了现代科技的外衣，还在广告与内容营销领域开辟了新的可能性。

图7-6　动态图形小说的相关示例

Hypnovels 利用高级 AI 算法，实现了从静态文本到动态视觉与听觉体验的跨越。这种技术革新极大地丰富了文学作品的呈现方式，使其更加贴合当代受众。通过 AI 的自动化处理，原本静止的文字被赋予了生命，转化为引人入胜的互动故事，从而提升了内容的吸引力和传播力。

　　动态图形小说不仅让故事更加生动，还通过视觉和听觉的双重刺激，为用户提供了沉浸式的阅读体验。这种体验上的升级不仅增强了用户的参与感和满意度，还提高了内容的留存率和分享意愿，对于广告和品牌传播而言，无疑是非常宝贵的资产。

　　在数字化转型的大潮中，出版业面临着诸多挑战。Hypnovels 工具的出现，为出版业提供了一种创新的解决方案，即通过数字化增值服务吸引新读者群体，并扩大图书的市场覆盖范围。这种商业模式的创新不仅有助于缓解纸质书销量下降的压力，还为传统出版内容开辟了新的盈利渠道，展现了 AI 在推动产业升级中的重要作用。

本 章 小 结

　　本章介绍了 AI 技术在广告行业活动策划与执行中的广泛应用及优势。通过精准定位和智能投放等环节，AI 不仅提高了广告质量与效率，还促进了创意技术平权化及全链 AI 营销。另外，可口可乐、肯德基及 Silverside AI 的成功案例展示了 AI 在活动策划与执行中的具体运用，如个性化定制与跨界合作，让人深刻感受到 AI 为广告行业带来的创新与变革。通过本章内容的学习，读者将认识到 AI 在广告策划与执行中的无限潜力与价值。

课 后 习 题

1. 简要说明全链 AI 营销的流程。
2. 使用文心一言策划一个广告展览活动。

第 8 章

电商行业的 AI 活动策划与执行

随着 AI 技术的飞速发展,它在电商领域的应用不仅重塑了用户体验,还极大地优化了运营效率与风险管理。本章首先剖析了 AI 技术为电商行业带来的多重优势,随后聚焦于 AI 在活动策划与执行中的核心作用,包括资源的高效配置、智能客服支持及用户行为的精准洞察。此外,本章还介绍了一系列生动案例,详细解析了从策划到执行的每一个步骤,展现了 AI 如何助力电商活动实现精准定位、高效执行与持续优化,为电商行业注入新的活力,带来了新的发展机遇。

8.1　AI 在电商行业中的应用与优势分析

通过智能算法的应用，AI 不仅显著提升了用户体验，实现了个性化推荐与高效交互，还极大地优化了电商企业的运营效率，自动化处理烦琐流程，降低了成本。同时，AI 的介入增强了风险管理能力，提前预警潜在风险，保障交易安全。

更重要的是，AI 技术为电商行业开辟了全新的业务模式，不断推动创新。本节将主要介绍 AI 技术应用于电商的优势，揭示 AI 在市场预测与决策支持方面的精准功能，帮助电商企业在激烈的市场竞争中占据先机，引领未来的发展方向。

8.1.1　优化运营效率

AI 在优化运营效率方面展现出了巨大的潜力并取得了实际成效，成为现代企业转型升级的重要驱动力。通过深度学习、机器学习、自然语言处理及大数据分析等先进技术的融合应用，AI 不仅简化了烦琐的业务流程，还显著提升了决策速度与质量，促进了资源的优化配置，进而实现了运营效率的飞跃式提升。

首先，在电商平台的库存管理方面，AI 技术通过深度学习和大数据分析，能够精准预测市场需求的趋势，为电商平台提供科学的库存管理策略。

其次，在物流配送环节，AI 技术的应用同样带来了显著的效率提升。通过智能路径规划算法，AI 能够综合考虑交通状况、天气因素和配送点分布等多种因素，为配送员规划出最优的配送路线。图 8-1 所示为 AI 物流配送示例。

图 8-1　AI 物流配送示例

再次，AI 在订单处理和售后服务方面也发挥了重要作用。通过自动化处理系统，AI 能够迅速识别并处理订单信息，包括订单确认、支付验证及发货通知等流程，大大减少了人工干预和等待时间。

最后，对于退货、换货等售后问题，AI 也能通过智能分析快速判断问题所在，提供解决方案，并自动化处理退款、换货等流程，从而减少了用户等待时间，提高了用户满意度。

8.1.2 增强风险管理

电商行业面临着诸多风险，包括欺诈交易、信用风险和供应链风险等。AI 技术的应用为电商企业提供了强大的风险管理工具。通过大数据分析与机器学习算法，AI 能够实时监测交易行为，识别潜在欺诈风险，并采取相应措施进行防范。

同时，AI 还能对供应链进行全链条监控，预测并应对潜在风险，保障电商运营的稳定性与安全性。表 8-1 所示为三类风险规避措施的详细阐述。

表 8-1 AI 对电商行业三类风险管理的规避措施

风险类别	子类别	规避措施
欺诈交易管理	智能识别与预防	AI 分析交易数据、用户行为数据及历史欺诈案例，构建欺诈行为模型，识别异常交易模式和潜在欺诈信号，利用生物识别技术验证用户身份
	实时风险评估与预警	实时风险评估，快速判断欺诈风险；利用预警机制拦截可疑交易
信用风险管理	全面信用评估	整合多维度信息进行信用评估，提高信贷审批流程的效率和准确性
	实时监控与预警	实时监控信贷业务异常行为，预警潜在风险，防范信贷风险
供应链风险管理	风险识别与预测	大数据分析监测供应链环节，机器学习预测供应链风险
	优化库存与物流	动态调整库存水平应对市场需求波动，优化物流配送路线和策略
	合作伙伴管理	管理和优化与合作伙伴的关系，实时监控合作伙伴的绩效和可靠性

综上所述，电商行业在增强风险管理方面需要构建一个全面、高效的风险管理体系，强化技术安全，完善信用管理机制，加强资金管理与内部控制，优化供应链管理，提升市场分析与预测能力，以及强化合规与法律风险防控，并持续监控与改进风险管理体系。这些措施将有助于提高电商企业的抗风险能力，保障企业的稳健发展。

8.1.3 创新业务模式

AI 技术通过赋能电商平台，实现了对用户行为数据的深度挖掘与分析。基于这一能力，电商平台能够构建更为精准的用户画像，进而实施个性化推荐与精准营销策略。图 8-2 所示为 AI 构建的某电商平台用户画像。这意味着，无论是商品推荐还是广告投放，都能更贴近用户的真实需求，有效提升用户满意度与转化率，从而构建起一种全新的、基于数据驱动的盈利模式。

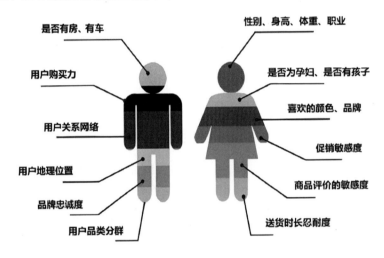

图 8-2　AI 构建的某电商平台用户画像

AI 技术的引入还推动了电商服务的定制化与差异化发展。借助大数据与机器学习算法，电商平台能够为用户提供更加个性化、定制化的服务品类，无论是商品推荐、售后服务，还是物流配送，都能根据用户的特定需求进行灵活调整。

更为重要的是，AI 技术还促进了电商与其他行业的跨界融合，推动了新业态、新模式的不断涌现。例如，在新零售领域，AI 技术通过与物联网、移动支付等技术的结合，实现了线上线下场景的深度融合与无缝对接，为消费者带来了更加便捷、高效的购物体验。

同时，AI 技术还推动了智能家居、智慧物流等新兴领域的快速发展，为电商企业提供了更加丰富的应用场景与业务拓展空间。

8.1.4 精准市场预测与决策支持

精准把握市场动态，快速响应市场变化，是商家保持竞争优势、实现可持续发展的关键。AI 技术以强大的数据处理能力和智能分析能力，正逐步成为电商企业进行精准市场预测与科学决策的重要支撑。下面将从两个方面介绍 AI 在电商市场预测与决策支持中的应用。

1. 深度学习的力量：揭示数据背后的秘密

通过深度学习技术，AI 能够深入剖析海量交易数据、用户行为数据及社交媒体反馈等多源异构数据，揭示数据背后的复杂关联和潜在规律。这些规律不仅反映了当前市场的真实状况，还预示着未来的发展趋势。

例如，通过分析用户的搜索关键词、使用行为等数据，AI 可以预测出哪些产品将成为下一个热销爆款，哪些消费群体对特定类型的商品更有兴趣。

2. 预测分析：预见未来，抢占先机

基于深度学习的成果，AI 进一步运用预测分析模型对市场趋势进行量化预测。这些模型能够综合考虑历史数据、季节性因素、宏观经济指标和政策变动等多种变量，生成高精度的市场预测报告。商家可以根据这些报告提前布局市场，调整库存策略，优化供应链管理，确保在市场需求爆发时能够迅速响应，抢占市场先机。

8.2 AI 在电商行业活动策划与执行中的作用

在电商行业的激烈竞争中，各种电商活动成为吸引用户、提升销量的关键环节。AI 技术的引入提升了电商活动的策划与执行效率，从资源的高效分配到用户互动的精准把握，AI 以强大的数据处理与智能分析能力为电商活动的策划与执行提供了强有力的支持。

本节将介绍 AI 在资源分配与优化、智能客服支持以及用户互动高峰时段监控等方面的应用，揭示 AI 如何助力电商企业打造更加精准、高效和个性化的活动体验，从而在市场中快速脱颖而出。

8.2.1 资源分配与优化

在电商活动策划的蓝图绘制阶段，资源的合理分配宛如构筑大厦的地基，直接关系到后续活动的稳固与成效。AI 技术如何使资源分配与优化变得更加精准与高效？接下来，我们将从 3 个方面进行说明。

（1）大数据分析引领精准预测。AI 凭借强大的数据处理能力，深入挖掘历史活动数据中的价值信息，包括但不限于用户行为偏好、渠道效果和成本效益比等关键数据点。

（2）智能调配实现资源优化配置。在掌握了详尽的资源需求预测后，AI 进一步发挥智能决策的优势，根据历史活动中不同渠道的转化率、ROI 等关键绩效指标，并结合当前市场动态和竞争态势，制定出最优化的资源分配方案。

（3）实时监控与动态调整确保效率。活动一旦启动，AI 并不止步于前期的规划与预测，而是持续地对活动的进展进行实时监控。通过收集并分析实时数据，AI 能够迅速识别活动中的亮点与痛点，比如某个渠道突然涌现的高流量、某个时段用户互动度的激增等。基于这些实时反馈，AI 能够自动或辅助人工进行资源的动态调整，比如，增加热门渠道的广告投放，调配更多客服资源应对高峰时段的咨询等，从而确保资源始终得到最高效的利用。

8.2.2 智能客服支持

在电商活动执行过程中，优质的客户服务是提升用户满意度和忠诚度的关键。AI 技术的应用，使智能客服系统能够 24 小时不间断地为用户提供高效、准确的服务。通过自然语言处理和机器学习技术，智能客服系统能够理解用户的查询意图，快速响应并解决问题。图 8-3 所示为基于 AI 数字人技术打造的智能客服。

图 8-3　基于 AI 数字人技术打造的智能客服

同时，AI 还能根据用户的购买历史和行为习惯提供个性化的推荐与服务，从而增强购物体验。在大型促销活动期间，智能客服系统还能有效缓解人工客服的压力，确保服务质量和效率。

8.2.3 用户互动高峰时段监控

电商活动成功与否，在很大程度上取决于用户的参与度和互动度。AI 技术通过实时监控用户行为数据，能够准确识别用户互动的高峰时段，为电商企业提供宝贵的决策依据。

在高峰时段，电商企业可以加大推广力度，推出更具吸引力的优惠活动，以吸引更多用户参与。同时，AI 还能分析用户互动的内容和质量，为电商企业提供优化活动策略的建议。下面从高峰时段监控和优化策略建议这两个方面详细说明 AI 所起的作用。

1. 高峰时段监控

AI 在参与用户互动高峰时段监控时，发挥着至关重要的作用。以下是 AI 在这一过程中发挥作用的具体方式。

（1）实时数据收集与分析。AI 系统能够不间断地收集来自电商平台、社交媒体和 App 等多个渠道的用户行为数据，通过先进的算法模型即时处理这些数据，识别用户互动活动的细微变化，从而准确预测并定位互动高峰时段。

（2）内容与质量分析。在高峰时段，AI 不仅关注用户互动的频次，还深入分析互动的内容与质量。通过自然语言处理技术，AI 能够解析用户评论、社交媒体帖子和在线聊天内容等，提取出用户对产品的满意度、改进建议及潜在需求等信息。图 8-4 所示为 AI 对用户评论的相关分析。这些信息对电商企业优化产品设计、调整营销策略和提升用户体验至关重要。

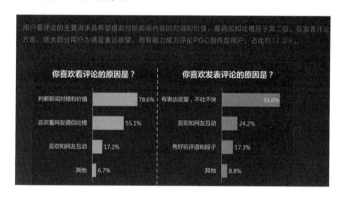

图 8-4　AI 对用户评论的相关分析

（3）高峰时段智能识别。利用机器学习算法，AI 能够学习历史数据中的用户行为模式，识别出用户活跃度显著增高的时间段，即互动高峰时段。这一过程不仅考虑了时间因素，还综合了用户行为特征、商品类别及促销活动等多种变量，使得识别结果更加精准。同时，AI 还能预测未来高峰时段可能出现的时间，为电商企业提前布局提供科学依据。

2. 优化策略建议

AI 优化策略可从多个方面入手，以确保 AI 系统能够更有效地运行并满足业务需求。以下是一些具体的优化策略建议。

（1）精准推广与优惠活动。基于AI识别的互动高峰时段，电商企业可以实施更加精准的推广策略，如增加广告投放量、调整广告内容，以吸引目标用户群体。同时，通过推出限时折扣、满减优惠和积分兑换等吸引力强的促销活动，进一步激发用户的购买欲望，从而提升转化率。

（2）动态调整商品展示与推荐。AI可根据用户互动数据，动态调整商品展示顺序和推荐列表，将用户最感兴趣、最可能购买的商品置于醒目位置。这种个性化推荐不仅增强了用户体验，还促进了商品销量的增长。

8.3 使用文心一言策划电商行业活动方案

文心一言作为强大的AI语言模型，正以自然语言处理能力和创意生成能力为电商活动策划注入新的活力与灵感。本节主要介绍如何使用文心一言策划电商行业的活动方案，为电商行业提供新的灵感和发展方向。

8.3.1 AI活动策划1：品牌上新日

品牌上新日是指品牌方为了推广新产品或新系列，特意选定的一天或一段时间，通过线上线下相结合的方式，集中展示和销售新品，以此提升品牌知名度，吸引消费者关注并促进销售。品牌上新日活动不仅是新品发布的重要时刻，也是品牌与消费者互动、传递品牌价值的重要机会。

以下是一个使用文心一言策划的品牌上新日活动案例。

提示词

请根据"××品牌××系列新品发布会"这一活动主题，制作一个品牌上新日活动的策划与执行方案，具体内容包括发布会主题、活动程序、地点安排、道具安排

文心一言

"××品牌××系列新品发布会"策划与执行方案

一、发布会主题

（1）主题名称。智启未来·新品耀世——××品牌××系列新品发布会。

（2）主题阐释。

- 智启未来：强调本次新品发布会采用最前沿的AI技术，展现品牌对未来科技趋势的引领与探索。
- 新品耀世：突出新品系列的独特魅力和市场影响力，吸引媒体与消费者的广泛关注。

二、活动程序

1. 开场致辞
- 内容：品牌 CEO（Chief Executive Officer，首席执行官）或高管上台致开幕词，介绍品牌发展历程、市场地位及新品发布的重要意义。
- 形式：简洁有力的演讲，搭配品牌宣传视频，营造庄重而热烈的氛围。

2. 新品发布
- 通过 AI 生成的创意短片，展示新品的设计理念、技术创新点及市场定位。
- 邀请产品经理上台详细讲解新品功能、特性及用户体验。
- 形式：高清 LED（Light Emitting Diode，发光二极管）大屏播放短片，现场互动问答，增强观众参与感。

3. 互动体验区开放
- 设置新品体验区，让消费者亲身体验新品，感受科技与产品的完美结合。
- 配备专业讲解员，解答消费者疑问并收集反馈意见。

4. 明星/KOL 助力

邀请品牌代言人或行业 KOL 上台分享使用体验，提升品牌影响力。

5. 媒体问答

邀请现场媒体记者提问，品牌方代表进行解答。

三、地点安排

- 主会场：……
- 互动体验区：……
- 媒体采访区：……

四、道具安排

- LED 大屏：……
- 音响设备：……
- 新品展示台：……
- 摄影摄像设备：……
- 互动装置：……
- 宣传物料：……

通过以上策划与执行方案，旨在确保品牌上新日活动圆满成功，有效提升品牌形象和市场竞争力。

8.3.2 AI 活动策划 2：工厂日

工厂日活动是特定于工厂或制造业企业的活动，旨在促进员工之间的交流，增强员工对企业文化的认同感和归属感。此外，活动还可能包括展示企业技术实力、生产流程和产品特点等内容。

下面是一个使用文心一言策划的工厂日活动案例。

提示词

请根据"文化交流活动"这一活动主题,制作一个工厂日活动的策划与执行方案,具体内容包括活动主题、活动内容、组织环节、后续跟进、活动评估

文心一言

"文化交流活动"策划与执行方案

一、活动主题

跨界融合·共筑文化梦——××工厂文化交流日。

本活动旨在通过工厂日的形式,搭建一个开放、互动的平台,让社会各界人士(包括学生、文化爱好者、媒体及公众)深入了解工业制造的同时,体验并促进不同文化之间的交流与融合,展现现代工业企业的文化魅力与社会责任感。

二、活动内容

1. 文化展示区

(1)传统工艺与现代制造对话。设立展区,展示工厂特色产品与当地或国际传统手工艺品的对比,通过视频、图文介绍及现场演示,讲述两者背后的文化故事与技术传承。

(2)文化长廊。布置一条文化长廊,展示工厂发展历程中的文化积淀,以及参与过的文化交流项目成果。

2. 互动体验工坊

(1)工艺体验。邀请非物质文化遗产传承人现场教学,如陶艺、编织、木雕等,让参与者亲手制作小型工艺品,感受传统工艺的魅力。

(2)智能制造体验。组织参观智能生产线,通过VR/AR技术模拟操作,让参观者近距离体验现代工业制造的智能化、自动化过程。

3. 创意市集

设立手工艺品、设计产品、文化创意商品等摊位,鼓励工匠、设计师、学生等展示和销售自己的作品,以促进文化交流与商品交易。

三、组织环节

- 前期筹备:……
- 现场布置:……
- 活动执行:……
- 闭幕总结:……

四、后续跟进
- 活动报道：……
- 反馈收集与改进：……

五、活动评估

……

通过以上方案，将有效促进文化交流与融合，展现工厂的独特魅力，为企业的可持续发展注入新的活力。

8.4 电商行业的 AI 活动执行案例分析

电商行业活动是指在电子商务平台上，为了促进商品销售、提升品牌影响力以及增强用户黏性等举办的一系列营销活动。AI 的参与提高了电商平台客户的转化率与工作效率。本节将通过具体案例对电商行业的 AI 活动执行进行分析。

8.4.1 英特尔：酷睿 Ultra AI 电商创意设计大赛

英特尔作为全球先进的半导体芯片制造商，为了推动 AI 技术在电商领域的创新应用，以及展示酷睿 Ultra 系列处理器在高性能计算与 AI 加速方面的优势，举办了"酷睿 Ultra AI 电商创意设计大赛"活动，如图 8-5 所示。

图 8-5 "酷睿 Ultra AI 电商创意设计大赛"活动海报

该活动旨在会聚全球创意人才与开发者，利用 AI 技术为电商行业带来创新的解决方案和用户体验。

在活动创办之初，英特尔公司便明确了大赛的目标与定位，即利用酷睿 Ultra 处理器的强大性能，推动 AI 技术在电商领域的深度融合，同时吸引更多开发者关注并采用英特尔的技术解决方案。这一目标定位不仅为大赛指明了方向，也为参赛者提供了清晰的创作思路与灵感来源。图 8-6 所示为获奖的相应 AI 参赛作品。

图 8-6　获奖的相应 AI 参赛作品

在技术方面，英特尔为参赛者提供了全面的赋能支持。从酷睿 Ultra 处理器到相应的 AI 开发工具包、框架和云服务资源，英特尔为参赛者搭建了一个高效、便捷的创作平台，这不仅降低了参赛者的技术门槛，还加速了创意从构想到实现的进程。

8.4.2　美妆品牌 3CE：打造春日 AI 花神妆的新玩法

在彩妆护肤这片红海市场中，品牌间的竞争日益白热化，传统营销活动逐渐失去新鲜感，难以有效触达并吸引用户的注意力。面对这一挑战，美妆巨头 3CE 在 2023 年的天猫品牌年度会员日之际，巧妙借力 AI 技术的浪潮，携手天猫平台，共同推出了"春日 AI 花神妆"创新营销活动，为行业树立了差异化营销的典范。

在活动期间，3CE 通过官方旗舰店首页，无缝连接至专属小程序界面，邀请每一位爱美的顾客上传自己的照片，体验前所未有的 AI 智能试妆服务。相关示例如图 8-7 所示。

图 8-7　3CE"春日 AI 花神妆"活动海报相关示例

这项服务不仅提供了多款精心设计的春日花神妆容模板，还通过 AI 算法的精妙计算，确保每一次试妆都能根据用户的面部特征进行微调，创造出独一无二、令人惊艳的妆容效果。3CE 通过多渠道整合营销的方式，加上天猫平台的流量优势，再结合社交媒体的广泛传播，成功构建了线上线下相结合的多渠道营销网络。

本 章 小 结

本章首先深入探讨了 AI 在电商行业活动策划与执行中的广泛应用及优势，接着通过具体案例，展示了 AI 在实操中的高效性。最后，通过相关品牌案例，验证了 AI 在电商活动执行中的成功应用，强调了技术创新对电商行业发展的重要推动作用。通过本章内容的学习，读者将掌握 AI 在电商活动策划与执行中的具体应用方法，进而提升在复杂环境中制定并执行高效、安全和创新活动策略的能力。

课 后 习 题

1. 简要说明 AI 如何参与用户互动高峰时段监控。
2. 使用文心一言策划一个美妆品牌的上新日活动。

第 9 章

零售行业的 AI 活动策划与执行

AI 技术的兴起为零售行业注入了活力。本章将介绍 AI 如何助力零售企业，通过提升顾客购物体验、优化库存管理及实现智能化运营等优势，为活动策划与执行提供灵感和启发。同时，本章还将探讨 AI 在实时互动与反馈、个性化服务及自动化流程管理等方面的作用，并展示一些具体案例来呈现 AI 活动策划与执行的全过程，为零售企业提供参考与借鉴。

9.1 AI 在零售企业中的应用与优势分析

在数字化浪潮席卷全球的今天，AI 技术正深刻改变着各行各业，其中对零售企业的影响尤为显著。AI 技术的融入极大地提升了企业的运营效率、顾客满意度及市场竞争力。本节将从提升顾客购物体验、优化库存管理和智能化运营 3 个方面深入分析 AI 技术在零售企业中的应用优势。

9.1.1 提升顾客购物体验

顾客体验是零售业的核心竞争力之一，而 AI 技术的应用极大地扩展了这一领域的可能性。首先，通过智能推荐系统，AI 能够根据顾客的购买历史、浏览行为及购买偏好，实时推送个性化商品推荐，让每位顾客都能享受到量身定制般的购物体验。图 9-1 所示为 AI 助力的新零售模式，这种精准营销模式不仅提高了转化率，还增强了顾客的忠诚度和满意度。

图 9-1　AI 助力的新零售模式

另外，AI 客服机器人的引入，实现了 24 小时不间断的客户服务，如图 9-2 所示。这些机器人能够迅速响应顾客咨询，解决常见问题，甚至通过自然语言处理技术理解复杂需求，提供专业建议。这种即时、高效的沟通方式，有效缓解了人工客服的压力，同时也让顾客感受到更加贴心、便捷的服务。

图 9-2　AI 客服机器人

9.1.2 优化库存管理

库存管理一直是零售企业面临的重大挑战之一,库存过多会导致资金占用,而库存不足又会影响销售。AI 技术的引入,为库存管理带来了革命性的变化。利用大数据分析和机器学习算法,AI 可以精准预测商品需求趋势,帮助企业实现精准订货,避免库存积压和缺货现象。

同时,AI 还能对库存进行智能分类和追踪,实时掌握库存状态,提高仓库作业效率。通过物联网与 AI 的结合,企业可以实现对商品从入库到出库的全程监控,确保库存数据的准确性和实时性,从而为企业的供应链管理提供有力支持。

9.1.3 智能化运营

AI 技术的应用,让零售企业的运营管理更加智能化和高效化。在商品定价方面,AI 通过分析市场数据、竞争对手价格及用户行为,能够制定出更加科学、合理的价格策略,既保证了企业的利润,又增强了市场竞争力。

在门店运营上,AI 技术可以实现客流分析、热力图绘制等功能,帮助管理者了解顾客行为模式,优化店铺布局和商品陈列,从而提升顾客进店率和购买转化率。图 9-3 所示为 AI 绘制的热力图。

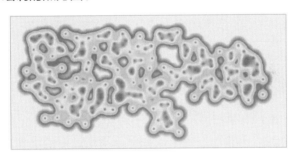

图 9-3 AI 绘制的热力图

同时,AI 还能对销售数据进行深度挖掘,为企业制定营销策略提供数据支持,实现精准营销和业绩提升。

9.2 AI 在零售企业活动策划与执行中的作用

在零售业的激烈竞争中,AI 正逐步成为企业活动策划与执行的关键驱动力。本节将介绍 AI 技术助力零售企业,通过实时互动与反馈机制,让企业与用户之间的连接更加紧密，确保活动策略紧贴市场脉搏。

同时，个性化服务的实现让每位顾客都能享受到量身定制般的购物体验，增强顾客黏性。另外，自动化流程管理则显著提升了运营效率，使企业在市场竞争中占据先机。

9.2.1 实时互动与反馈

在数字化时代，用户的参与度和期望值不断提高，他们渴望在购物过程中获得即时、个性化的互动体验。AI 技术通过数据分析与预测能力，为零售企业提供了强大的实时互动与反馈机制。

企业可以利用 AI 驱动的社交媒体分析工具，快速响应用户的咨询和反馈，及时调整活动策略，确保营销活动始终紧贴市场需求。这种即时互动不仅增强了用户的参与感，还为企业收集了大量宝贵的市场信息，为后续决策提供了有力支持。

9.2.2 个性化服务

个性化服务是零售企业提升顾客满意度和忠诚度的关键。AI 通过深度学习和大数据分析技术，能够精准分析用户的购物历史、浏览行为和兴趣爱好等多维度信息，从而为其量身定制个性化的商品推荐、优惠活动等服务。

个性化服务不仅提高了购物效率，还让用户感受到前所未有的关怀与尊重。另外，AI 还能根据用户的实时反馈和行为变化动态调整服务策略，确保个性化服务的持续性和有效性。

9.2.3 自动化流程管理

零售企业的活动策划与执行涉及众多环节，包括市场调研、策划制定、资源调配和执行监控等。传统的人工管理方式不仅效率低下，还容易出现错误和遗漏。AI 技术的引入，实现了活动策划与执行流程的自动化管理。

企业可以利用 AI 工具进行数据分析、预测趋势和制定策略，并通过自动化流程管理系统实现资源的优化配置和活动的精准执行。这种自动化管理方式不仅提高了工作效率，还降低了人力成本，为企业赢得了更多的竞争优势。

综上所述，AI 技术在零售行业的自动化流程管理中发挥着重要作用，涵盖库存管理、供应链管理、顾客服务、数据分析与决策支持等多个方面，帮助零售企业提升运营效率、降低成本并增强顾客体验。随着 AI 技术的不断发展和普及，其在零售行业的应用前景将更加广阔。

9.3 使用 Kimi 策划零售行业活动方案

Kimi 是一款由月之暗面科技有限公司开发的智能助手，其核心能力在于处理长文本和复杂的自然语言任务。

通过大规模的机器学习和自然语言处理技术，Kimi 能够理解和生成自然语言，从而与用户进行高效、流畅的交流和信息处理。它不仅具备超长对话记忆能力，还能处理多种文件格式（如 PDF、Word 文档）和网页内容，将复杂信息整理成表格，从而提高信息的可读性和易用性。

在零售行业的活动策划中，Kimi 扮演着重要的角色，它可以参与市场调研分析、活动主题创意策划、活动流程与细节规划，以及营销推广的策略制定。本节主要介绍如何使用 Kimi 策划零售行业的活动方案。

9.3.1 AI 活动策划 1：促销活动

促销活动是指企业为了提升品牌知名度、吸引顾客、增加销量或清理库存等，通过一系列具有吸引力的优惠措施和营销策略，激发用户的购买欲望并促使其采取购买行动的活动。促销活动通常包括价格优惠、赠品赠送、折扣券发放、限时抢购、会员专享优惠和积分兑换等多种形式。

下面是一个使用 Kimi 策划的促销活动案例。

> 🧑 **提示词**
>
> 请根据"抽奖式促销"这一活动主题，制作一个促销活动的策划与执行方案，具体内容包括活动时间、活动目的、活动细则、宣传方式、实施操作

> Ⓚ Kimi

"抽奖式促销"活动策划与执行方案

一、活动时间
- 预热期：2024 年 6 月 4 日至 2024 年 6 月 10 日。
- 高潮期：2024 年 6 月 11 日至 2024 年 6 月 18 日。
- 收尾期：2024 年 6 月 19 日至 2024 年 6 月 25 日。

二、活动目的

提高品牌知名度和产品销量，增加消费者对新产品的了解和兴趣，收集潜在客户信息用于后续营销活动，以及提升消费者对品牌的忠诚度。

三、活动细则

（1）参与资格。活动期间，凡购买指定产品满一定金额的消费者均可参与抽奖。

（2）奖品设置。

- 一等奖：价值500元的产品大礼包（1名）
- 二等奖：价值200元的产品体验装（5名）
- 三等奖：价值50元的产品优惠券（50名）
- 幸运奖：小礼品或额外折扣（不限）

（3）抽奖方式。消费者在购买后通过扫描产品包装上的二维码或在活动页面填写信息参与抽奖。

（4）领奖方式。一等奖和二等奖需到指定地点领取，三等奖和幸运奖将通过邮件或短信发送。

四、宣传方式

- 社交媒体宣传：……
- 线上广告：……
- KOL合作：……
- 邮件营销：……
- 线下宣传：……

五、实施操作

- 前期准备：……
- 活动执行：……
- 后期跟进：……
- 注意事项：……

通过以上方案，抽奖式促销活动将能有效地吸引目标消费者的注意力，提升产品销量和品牌影响力。

9.3.2　AI活动策划2：折扣活动

折扣活动是一种促销手段，商家通过降低商品或服务的原价，以低于正常售价的价格提供给用户，从而吸引他们购买并增加销量。在折扣活动中，商家会设定一个折扣率或具体的折扣金额，用户在购买时可以享受这个优惠，包括但不限于直接降价、满减优惠和限时折扣等。

下面是一个使用Kimi策划的折扣活动案例。

 提示词

请根据"季节折扣"这一活动主题，制作一个折扣活动的策划与执行方案，具体内容包括活动背景、活动目标、活动主题、活动内容、活动预算

"季节折扣"活动策划与执行方案

一、活动背景

随着季节的更替,消费者对于应季产品的需求增加,同时希望淘汰过季商品。通过季节折扣促销活动,可以刺激消费者购买,清理库存,为新产品上市做准备。

二、活动目标

增加季节性产品的销量,清理过季库存,为新产品上市腾出空间;提升消费者对品牌的关注度和忠诚度;收集消费者数据,为未来的营销活动提供依据。

三、活动主题

换季大促销——享受季节优惠,更新你的衣橱/家居/电子产品。

四、活动内容

1. 季节性折扣
- 对应季产品提供10%~20%的折扣。
- 对过季产品提供30%~50%的清仓折扣。

2. 限时抢购

设定特定时间段(如周末下午),提供额外折扣或买一赠一优惠。

3. 会员专享

会员在活动期间享受额外折扣或积分加倍。

4. 赠品活动

购买特定产品或消费达到一定金额,赠送相关季节性小礼品。

5. 社交媒体互动

鼓励消费者在社交媒体上分享购买的产品,并使用特定标签,以获得额外折扣。

五、活动预算

1. 广告与宣传
- 社交媒体广告:……
- 线上横幅广告:……
- 邮件营销:……
- 店内宣传材料:……

2. 折扣成本

预计折扣损失:……

3. 赠品成本

季节性小礼品:……

通过以上方案,季节性折扣促销活动将能有效地促进产品销售,清理库存,并增强消费者对品牌的好感度。

9.4 零售行业的 AI 活动执行案例分析

零售行业的活动策划与执行扮演着至关重要的角色，它们不仅是促进销售、提升品牌形象的有效手段，还是增强顾客黏性、收集市场反馈的重要途径。这些活动占据着举足轻重的地位，并具有目标导向性、创新性、灵活性和综合性等特点。

AI 的参与，使得零售行业的活动进一步提升了顾客的购物体验、优化了运营管理。本节将通过具体案例对零售行业的 AI 活动执行进行分析。

9.4.1 蒙牛："AI 营养师"打造健康服务体验

蒙牛集团积极拥抱 AI 技术，推出了"AI 营养师"活动，旨在为用户提供更加个性化和增值的营养健康服务体验。该活动不仅提升了品牌形象，还增强了与用户之间的互动和黏性，为相关群体打造了健康服务体验。下面从 3 个方面分析蒙牛集团推出的"AI 营养师"活动的执行策略。

1. 技术平台搭建与模型训练

蒙牛与多家科技巨头合作，共同开发并训练了 MENGNIU.GPT 模型，该模型是全球首个营养健康领域的生成式 AI 模型。蒙牛还建立了 AI 中台，将一、二阶段积累的数智能力与 AI 能力综合调度，确保"AI 营养师"活动的高效运行。

图 9-4 所示为蒙牛推出的"AI 营养师"——蒙蒙，强大的技术平台和先进的 AI 模型为"AI 营养师"活动提供了有力的技术支撑，确保了服务的智能化和个性化水平。

图 9-4 蒙牛推出的"AI 营养师"——蒙蒙

2. 服务内容设计与定制化

蒙牛为"AI 营养师"活动设计了丰富的内容体系，包括健康评估、营养计划制订、运动计划制订、中式养生计划、个性化营养建议等十大服务。用户通过扫描产品包装上的二维码，即可享受定制化的营养健康服务。个性化的服务内容满足了用户多样化的需求，提高了用户的满意度和忠诚度。同时，通过定制化服务，蒙牛也实现了从产品销售向提供综合营养解决方案的转变。

3. 多渠道推广与营销

蒙牛通过线上线下相结合的方式，对"AI 营养师"活动进行了广泛推广。线上方面，蒙牛利用社交媒体、短视频平台等渠道发布宣传内容，吸引用户关注；线下方面，蒙牛在门店设置体验区，让用户亲身体验"AI 营养师"活动的便捷和高效。

多渠道推广策略有效扩大了"AI 营养师"活动的知名度和影响力，吸引了大量用户的关注和参与。同时，通过线上线下互动，蒙牛也加强了与用户之间紧密的联系和沟通。

9.4.2 家乐福：互动助手聊天机器人 Hopla

作为全球知名的零售巨头，家乐福为了提升顾客的购物体验，促进可持续发展，并充分发挥生成式 AI 技术的潜力，于 2023 年推出了创新性的互动助手——Hopla，如图 9-5 所示。这款智能聊天机器人旨在通过个性化推荐、膳食规划及环保指导，为顾客打造全方位的购物与生活助手。

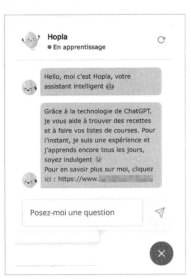

图 9-5 Hopla 智能聊天机器人

Hopla 利用先进的 AI 算法，根据顾客的个性化信息，提供定制化的产品推荐和膳食计划。这一功能不仅帮助顾客轻松规划每日饮食，还促进了家乐福商品的销售，特别是那些符合健康、环保理念的产品。

个性化推荐和膳食规划功能不仅增强了顾客的购物体验，使家乐福在竞争激烈的市场中脱颖而出，还推动了健康、环保生活方式的传播。

另外，Hopla 与家乐福零售商的网站高效链接，顾客可以直接在聊天界面完成商品选购、加入购物车以及结算等购物流程，极大地简化了购物步骤。Hopla 与 AI 的结合推动了零售活动的落地执行，为开发公司带来了巨大的经济效益。

9.4.3　BloomsyBox：利用生成式 AI 提升母亲节活动效果

作为花卉订阅领域的佼佼者，BloomsyBox 为了庆祝母亲节并增强用户参与感与品牌忠诚度，巧妙地将生成式 AI 融入其节日营销活动中。通过设计一系列创意互动环节，BloomsyBox 不仅为用户带来了乐趣与惊喜，还成功提升了活动的整体效果与品牌影响力。

BloomsyBox 利用 AI 聊天机器人设计了一个趣味横生的小测验，内容围绕母亲节展开，如"你知道妈妈最爱的花是什么吗？"等问题。这种轻松有趣的互动方式迅速吸引了用户的注意力，激发了他们的参与热情。通过小测验的引导，BloomsyBox 成功吸引了大量用户参与活动，为后续的奖励发放和个性化服务打下了坚实的基础。

答对问题的用户将免费获得一束花作为奖励。这一奖励机制极大地提升了用户的参与动力，因为免费花束不仅是一份实用且精致的礼物，更是对参与者智慧与运气的肯定。图 9-6 所示为用户获得的免费花束。

图 9-6　用户获得的免费花束

获奖者不仅可以获得免费花束，还可以使用 BloomsyBox 的智能功能为他们的母亲撰写个性化祝福语。AI 系统根据用户输入的关键词和偏好，自动生成温馨、独特的祝福语，让每一份礼物都充满心意。

本 章 小 结

本章详细介绍了零售企业如何运用 AI 技术策划与执行活动。首先，分析了 AI 在提升顾客体验、优化库存管理及智能化运营方面的显著优势。随后，探讨了 AI 在活动策划与执行中的核心作用。通过 Kimi 等工具的使用实例，展示了 AI 如何具体应用于促销活动、折扣活动及会员活动的策划中。最后，通过一些零售行业的具体案例分析，深入学习了 AI 在零售行业活动执行中的实际应用与成效。通过对本章内容的学习，读者能够了解 AI 技术对于提升活动效果与品牌竞争力的重要作用。

课 后 习 题

1. 简要说明 AI 在零售企业活动策划与执行中的作用。
2. 使用 Kimi 策划一个折扣活动。

第 10 章

文艺行业的 AI 活动策划与执行

AI 不仅提升了文艺创作的效率与深度,同时在活动策划与执行中发挥着不可小觑的作用。从创意激发到方案落地,AI 以其独特的优势助力文艺活动精彩纷呈。本章将介绍 AI 技术如何赋能文艺行业,特别是在活动策划与执行中的关键作用,并通过具体的案例解析,展现 AI 如何推动文艺活动创新。

10.1　AI 在文艺行业中的应用与优势分析

文艺行业，作为文化与艺术的交会点，涵盖了文学创作、视觉艺术以及表演艺术等多个领域。随着 AI 技术的飞速发展，它在文艺行业的应用日益广泛，展现出显著优势。AI 技术不仅能够大幅提升创作效率，拓宽艺术创意的边界，还能在艺术保护与修复、艺术传播与交流等方面发挥重要作用。本章深入分析 AI 在文艺行业应用中的多重优势，探讨它在促进文艺创新与传承方面的潜力和价值。

10.1.1　创作效率与创意拓展

AI 技术以其强大的数据处理和分析能力，显著提高了文艺作品的创作效率。在文学创作领域，AI 可以根据输入的关键词、情绪或故事框架，自动生成文章初稿，甚至完成整篇作品的创作。

例如，在文学创作方面，利用 ChatGPT 等自然语言处理模型，作家可以迅速获得灵感，减少构思和撰写初稿的时间。在视觉艺术领域，如可灵 AI 等，能够根据文字描述生成高清图像，为艺术家提供丰富的素材和灵感，加速作品创作的进程。图 10-1 所示为可灵 AI 根据文字描述生成的高清图像。

图 10-1　可灵 AI 根据文字描述生成的高清图像

AI 技术不仅能够提升创作速度，还能够拓展创意边界。传统文艺创作往往受限于创作者的想象力、经验和知识范围，而 AI 通过学习和分析海量数据，能够融合不同文化、风格和元素，创作出新颖独特的艺术作品。

10.1.2 艺术保护与修复

AI 技术在艺术保护与修复方面同样发挥着重要作用。通过高精度扫描和数字化处理技术，AI 可以将传统艺术作品转化为数字资产，实现永久保存和便捷传播。这种数字化保护方式不仅减少了原作品因为环境、人为因素造成的损害风险，还使得艺术作品能够跨越时空限制，被更多人欣赏和研究。

对于受损的艺术作品，AI 技术提供了智能修复的解决方案。图 10-2 所示为 AI 修复的荷兰国宝级名画。

图 10-2　AI 修复的荷兰国宝级名画

通过分析作品的结构、纹理和色彩等特征，AI 可以模拟出缺失或损坏的部分，实现高精度的修复。这种智能修复技术不仅提高了修复效率，还能够最大限度地保留原作的韵味和风格，为艺术品的保护与传承提供了有力支持。

10.1.3 艺术传播与交流

AI 技术的应用极大地拓宽了艺术作品的传播渠道。通过社交媒体、在线平台等渠道，AI 生成的艺术作品能够迅速传播到世界各地，受到更多用户的关注和喜爱。同时，AI 还可以根据用户的兴趣和行为习惯进行精准推送和个性化推荐，从而提高艺术作品的传播效果和影响力。

AI 技术还为艺术交流提供了新的平台和方式。在线展览、虚拟美术馆等形式的出现，使得用户在家中就能欣赏到世界各地的艺术作品，感受不同文化的魅力。图 10-3 所示为 AI 虚拟美术馆画廊。另外，AI 还可以辅助艺术家进行跨国界、跨领域的合作与交流，促进全球艺术生态的多元化和繁荣发展。

图 10-3　AI 虚拟美术馆画廊

10.2　AI 在文艺行业活动策划与执行中的作用

AI 不仅为文艺活动注入了源源不断的创意活力，还极大地优化了活动执行流程。从创意激发与方案制定的初期阶段到重要表演或展览时段的高效管理，AI 凭借强大的数据处理与分析能力，正逐步成为文艺活动创新与高效执行的关键驱动力。本节将详细剖析 AI 在文艺行业活动策划与执行中的具体应用，揭示其在推动文艺行业创新发展中的重要作用。

10.2.1　创意激发与方案制定

科技在飞速发展，AI 正逐渐渗透到社会的各个领域，文艺行业也不例外。2023 年，被全球咨询巨头麦肯锡称为"生成式 AI 的爆发之年"。2024 年，AI 技术继续迅猛进步，为文艺行业活动策划与执行带来了深刻的变革，尤其是在创意激发与方案制定方面，AI 正展现出独特的优势与潜力。下面将详细介绍 AI 在创意激发与方案制定过程中的作用。

1. AI 在创意激发中的作用

AI 更好地融合了创意激发与方案制定的优势，共同推动创意产业的繁荣与发展。在这个过程中，AI 不仅是辅助工具，还是激发人类无限创意潜能的重要伙伴。下面详细介绍 AI 在创意激发中的作用。

（1）多样化的创意来源。AI 通过深度学习和大数据分析，能够整合海量信息，为文艺活动策划提供多元化的创意灵感。例如，某些春节营销活动利用 AI 技术中的神经辐射场技术，创造了令人惊叹的 3D 场景，同时辅助美陈设计，让观众在互动中体验到了前所未有的视觉盛宴。这种基于 AI 技术的创意不仅新颖有趣，还极大地丰富了文艺活动的表现形式。图 10-4 所示为 AI 设计的 3D 场景。

图 10-4　AI 设计的 3D 场景

（2）个性化创意定制。AI 能够根据受众的喜好、行为数据等进行精准分析。AI 图像生成技术可以将用户的节日故事转化为独一无二的数字艺术作品，这种个性化的创意定制不仅增强了用户的参与感和归属感，还使文艺活动更贴近人心。

2. AI 在方案制定中的个性化应用

作为决策过程的核心环节，方案制定的质量与效率直接影响项目或服务的成功与否，AI 的介入则为这一过程带来了革命性的变化。通过先进技术，AI 能够深入理解用户需求，分析历史数据与市场趋势，快速生成符合用户个性化需求的定制化方案。下面详细介绍 AI 在方案制定中的个性化应用。

（1）高效生成与优化方案。AI 技术能够快速生成多种方案，并通过算法优化确保最终方案的高效性和可行性。在"雀巢 818 宠粉节"活动中，特赞 AIGC Studio 利用 AI 技术快速、批量生成丰富的概念图，并与人类创意团队协同工作，重塑了创意生产工作流，显著提高了工作效率和方案质量。图 10-5 所示为活动主 KV（Key Visual，视觉主画面）的构建与拼装流程。这种"人机协同"的模式为文艺活动方案的制定提供了全新的思路和方法。

（2）精准匹配与动态调整。AI 能够根据活动目标和受众特征精准匹配最合适的方案，并在执行过程中进行动态调整。例如，泰摩咖啡在 Kickstarter（美国最大的众筹网站）上的众筹活动中，通过 AI 生成的评论区创作，不仅高度融入社区语言风格，还提升了引流转化效率。这种精准匹配和动态调整的能力，使得文艺活动方案更符合实际需求，提高了活动的成功率和影响力。

图 10-5　活动主 KV 的构建与拼装流程

10.2.2　重要表演或展览时段管理

在文艺活动进入实际执行阶段，尤其是重要表演或展览时段的管理，对于活动的成功与否至关重要。AI 在这一环节的应用可以极大地提升管理效率和观众体验。下面从 3 个方面说明 AI 在重要表演或展览时段管理上的作用。

1. 时间规划与调度

AI 可以根据活动的复杂性和需求自动化地规划时间与调度资源。通过综合考虑演出和展览场地的可用时间、参演人员的时间安排以及设备的配置需求等因素，AI 能够生成最优的日程安排，确保活动的顺利进行。这种自动化调度方式不仅提高了管理效率，还减少了人为因素带来的不确定性和错误。

2. 观众互动与体验优化

AI 技术还能够优化用户的互动体验。在文艺演出过程中，AI 可以通过智能推荐系统，根据用户的偏好和行为习惯，为其推荐最合适的展览路线或表演节目。另外，AI 还可以通过分析用户的反馈数据，及时调整和优化活动的内容与形式，以提升用户的满意度和参与度。

3. 应急管理与安全监控

在重要表演或展览时段，应急管理和安全监控是不可或缺的环节。AI 技术可以应用于视频监控和预警系统，实时监测活动的现场情况，一旦发现异常情况（如人流拥堵、设备故障等），能够迅速响应并采取相应的措施。这种智能化的应急管理方式大大提高了活动的安全性和稳定性。

10.3 使用 Kimi 策划文艺行业活动方案

在文艺行业，策划文案、活动说明等商业文案的写作同样重要。Kimi 能够生成吸引人的文案，提升营销效果，帮助文艺作品更好地推广。Kimi 具备创意写作能力，能够根据作者的风格和要求创作文艺晚会、艺术节以及文学作品等类型的策划方案。本节将介绍如何使用 Kimi 策划两个文艺行业的活动方案。

10.3.1 AI 活动策划 1：音乐会

音乐会作为一种文化艺术表现形式，通过现场演奏或演唱音乐作品，为用户提供音乐欣赏和艺术享受的体验。它是推广和传播音乐文化，培养用户审美能力和提升社会艺术素养的重要途径。通过组织不同主题、形式和规模的音乐会，可以丰富人们的精神文化生活，促进文化交流与融合，推动音乐艺术事业的繁荣发展。

下面是一个使用 Kimi 策划的音乐会活动案例。

提示词

请根据"跨界音乐会"这一活动主题，制作一个音乐会活动的策划与执行方案，具体内容包括活动概述、地点选择、活动宣传、嘉宾邀请、现场管理

Kimi

"跨界音乐会"活动策划与执行方案

一、活动概述

跨界音乐会是一场融合不同音乐风格、艺术形式和文化元素的综合性音乐活动。本次活动旨在打破传统音乐会的界限，通过跨界合作，为观众带来一场独特而有创意的视听盛宴。

二、地点选择

活动地点选择在具有良好音响效果和足够容纳观众的多功能剧院或音乐厅。地点需具备专业的音响设备、舞台灯光以及足够的后台空间。

三、活动宣传

- 社交媒体宣传：在微博、微信和抖音等平台发布活动预告和实时动态。
- 线上广告：在目标受众常用的网站和 App 上投放广告。

- **KOL 合作**：与音乐、艺术领域的关键意见领袖合作，通过他们的社交媒体账号推广活动。
- **邮件营销**：向现有客户发送活动邮件，邀请他们参与。
- **线下宣传**：在合作品牌门店、音乐学校和艺术中心等地张贴宣传海报。

四、嘉宾邀请
- **音乐家和艺术家**：邀请不同音乐领域的知名音乐家和艺术家参与演出。
- **跨界合作**：与舞蹈团体、戏剧演员等其他艺术领域的表演者合作，共同创作跨界节目。
- **新兴艺术家**：发掘新兴艺术家，为他们提供展示才华的平台。

五、现场管理
- **观众服务**：……
- **技术支持**：……
- **安全保障**：……
- **后勤支持**：……
- **应急处理**：……

通过以上方案，跨界音乐会不仅能够为观众带来一场难忘的音乐体验，同时还能提升参与艺术家的知名度和活动的市场影响力。

10.3.2　AI 活动策划 2：街头艺术表演

街头艺术表演活动是一种在公共场所（如街道、广场和公园等地）进行的艺术创作与展示活动。这些活动通常由艺术家自发组织，形式多样，包括但不限于音乐演奏、舞蹈表演、杂技、魔术、涂鸦、行为艺术以及街头戏剧等。街头艺术表演以其独特的魅力成为城市文化的重要组成部分，不仅丰富了市民的文化生活，也促进了艺术的多样性和创新。

下面是一个使用 Kimi 策划的街头艺术表演活动案例。

提示词

请根据"街头魔术"这一活动主题，制作一个街头艺术表演活动的策划与执行方案，具体内容包括活动主题、活动目的、活动内容、活动人员及机构

Kimi

"街头魔术"艺术表演活动策划与执行方案

一、活动主题

"魔幻街头，惊喜无处不在"——融合魔术艺术与街头文化的互动表演活动。

二、活动目的

- 丰富城市文化生活,增加公共空间的艺术氛围。
- 推广魔术艺术,吸引更多年轻人对魔术产生兴趣。
- 增强市民的娱乐体验,提升城市旅游吸引力。
- 为本地艺术家提供展示才华的平台。

三、活动内容

1. 魔术表演
- 近景魔术:魔术师在人群中进行近距离的魔术表演,如纸牌魔术、硬币消失术等。
- 街头互动魔术:邀请路人参与魔术表演,以增加互动性和趣味性。
- 大型幻术:在特定时间段进行大型魔术表演,如人体悬浮、逃脱术等。

2. 魔术教学

设置教学环节,魔术师向观众展示简单魔术的奥秘,并教授一些基础魔术技巧。

3. 魔术道具展

展示各种魔术道具,增加观众对魔术艺术的了解。

4. 魔术主题摄影

设置魔术主题的摄影区,观众可以在此拍照留念,从而增加活动的趣味性。

四、活动人员及机构

1. 活动组织机构
- 主办单位:城市文化局、旅游局。
- 承办单位:本地艺术团体、魔术协会。
- 协办单位:商业赞助商、媒体合作伙伴。

2. 活动人员
- 魔术师:……
- 志愿者:……
- 安保人员:……
- 技术支持:……
- 宣传团队:……

3. 活动流程

……

4. 预算规划

……

5. 注意事项

……

通过以上方案,街头魔术艺术表演活动将能够为市民和游客带来新奇的娱乐体验,同时提升城市文化活力和艺术氛围。

10.4 文艺行业的 AI 活动执行案例分析

随着 AI 技术的飞速发展，其在文艺行业的应用日益广泛，为传统艺术活动注入了新的活力，并提供了宝贵的启示与借鉴。本节将聚焦文艺行业中 AI 活动执行的精彩案例分析，通过具体实例展现 AI 如何与文艺活动深度融合，创造出前所未有的艺术体验和价值。

10.4.1 INZ LAB：《时尚非遗·造物东方》AI 艺术展

INZ LAB 在 2023 年首次推出了《时尚非遗·造物东方》AI 艺术展，活动宣传海报如图 10-6 所示。这是一场丰饶的文化盛宴，完美融合了古老的非物质文化遗产与先进的 AI 技术。

图 10-6 《时尚非遗·造物东方》AI 艺术展活动宣传海报

艺术展通过 3D 高精度可视化技术，复原并动态呈现了多种非物质文化遗产的精细细节，让用户能够身临其境地感受这些古老技艺的深度文化内涵。

展览中，INZ LAB 邀请了多位国内外知名的数字艺术家，共同创作了一系列以传统戏曲、脸谱、蒲扇、凤冠和青铜为主题的沉浸式艺术装置。这些作品不仅展现了非遗文化的魅力，还巧妙地融入了时尚潮流元素，使传统文化在现代社会中焕发出新的生命力。

该活动的核心亮点在于 AI 技术的应用。通过利用 AI 算法和 3D 建模技术，每一件展品都被赋予了生动而细腻的动态效果，使得观众能够全方位、多角度地欣赏和体验这些非物质文化遗产的独特魅力。同时，展览还设置了多个互动环节，让用户能够通过手势识别、语音识别等技术与展品进行互动，从而加深对非遗文化的理解和认同。

10.4.2 美图 WHEE：开展新锐 AI 设计师计划

美图公司旗下的 AI 创作工具 WHEE 紧跟时代潮流，推出了为期一年的"新锐 AI 设计师计划"活动。这一计划的初衷是通过定期举办征集活动，促使更广泛的设计师圈层深入了解并高效使用 WHEE 工具。同时，该计划还为设计师提供奖金激励、媒体曝光以及线下展出等多种机会，以进一步激发其创作热情，推动 AI 技术在设计领域的普及与应用。图 10-7 所示为"新锐 AI 设计师计划"活动中"我的龙年守护神"赛事的优秀作品。

图 10-7 "新锐 AI 设计师计划"活动中"我的龙年守护神"赛事的优秀作品

美图 WHEE 将活动规划为全年 6 期，每期聚焦于不同主题，确保活动的持续性和新鲜感。这种分阶段推进的策略有助于维持设计师的参与热情，同时吸引更多的新设计师加入。活动主题紧密结合时事热点和中国传统文化，如"我的龙年守护神""AI 绘古韵 诗词入画来"等，既增加了活动的吸引力，又弘扬了民族文化，提升了作品的文化内涵。

综上所述，"新锐 AI 设计师计划"不仅是美图 WHEE 对 AI 美学的一次深度探索，更是对设计师群体的一次全面激励与赋能。它将以独特的创意主题、丰厚的奖励机制、广泛的曝光机会以及活跃的交流平台，共同绘制出一幅 AI 设计领域的璀璨图景，引领未来美学的新风尚。

本 章 小 结

本章详细介绍了 AI 技术在文艺行业活动策划与执行中的广泛应用及优势，展示了 AI 对文艺行业的深刻影响。同时，本章还介绍了使用 Kimi 进行文艺活动策划的实操方法，为文艺行业从业者提供了宝贵的参考与启示。最后，通过具体案例，如 INZ LAB 的 AI 艺术展、美图 WHEE 的新锐 AI 设计师计划等，揭示了 AI 在活动策划与执行中的实际成效。通过本章的学习，读者能更熟练并清晰地掌握文艺行业的 AI 活动策划与执行，并对当今该行业的发展脉络有更全面的认知。

课 后 习 题

1. 简要说明 AI 在创意激发中的作用。
2. 使用 Kimi 策划一个音乐会活动。

第 11 章

餐饮行业的 AI 活动策划与执行

随着科技的飞速发展，AI 不仅提升了餐饮行业的运营效率，同时在菜品研发、供应链管理和食品安全等方面展现出巨大潜力。本章将深入研究餐饮行业如何借助 AI 技术革新活动策划与执行，引领行业新风尚。

11.1　AI在餐饮行业中的应用与优势分析

AI不仅能够显著提升餐饮企业的运营效率，通过智能排班、自动化订单处理等手段减少人力成本与时间浪费，还能优化菜品研发与供应链管理。通过利用大数据分析顾客偏好，AI能精准预测市场需求，实现食材采购与库存的最优配置。

更重要的是，AI在食品安全与质量控制方面发挥着关键作用。通过实时监测与智能预警系统，AI能确保每一道菜品的安全与品质，为用户带来更加安心、高效的用餐体验。本节我们将介绍AI在餐饮行业中的优势。

11.1.1　提升运营效率

运营效率是餐饮企业竞争力的核心要素之一。AI技术的应用，极大地提升了餐饮企业的运营效率。例如，智能点餐系统能够根据用户的历史偏好和当前菜品库存情况，快速推荐合适的菜品，从而减少顾客点餐时间，并提高翻台率，如图11-1所示。

图11-1　智能点餐系统界面

同时，AI驱动的厨房管理系统能够优化厨师工作流程，减少人为错误，确保菜品制作的高效与准确。另外，智能排班系统能够根据餐厅的人流量和员工的工作能力自动安排最优的班次，从而减少人力成本浪费，并提升整体运营效率。

11.1.2　优化菜品研发与供应链管理

菜品研发与供应链管理是餐饮企业成功的关键。AI技术凭借强大的数据分析能力，能够深入挖掘顾客的消费习惯、口味偏好乃至情绪变化，为菜品研发提供丰富的数据支撑。

通过分析顾客的历史订单、评价反馈以及社交媒体上的讨论，AI 能够识别出流行趋势、新兴口味甚至潜在的健康需求。这有助于餐饮企业精准定位市场，研发出既满足顾客口味又引领潮流的新菜品，同时生成新菜品示意图，如图 11-2 所示。这种基于数据的研发策略，有效降低了盲目试错的成本，提高了新菜品的成功率和市场接受度。

图 11-2　AI 生成的新菜品示意图

在供应链管理方面，AI 同样展现出了非凡的优势。通过预测分析技术，AI 能够综合考虑季节变化、节假日效应、天气状况以及历史销售数据等多种因素，精确预测未来一段时间内的食材需求量。这种精准预测不仅有助于餐饮企业合理安排采购计划，减少因库存过多或不足而造成的资源浪费和成本上升，还能确保食材的新鲜度和可用性，满足顾客对菜品品质的高要求。

11.1.3　提升食品安全与质量控制水平

食品安全与质量控制是餐饮企业的生命线。AI 技术在食品质量与厨房环境安全方面的应用，为餐饮企业提供了更加严格和高效的监管手段。智能监控系统可以实时监测厨房卫生状况和环境安全，一旦发现异常情况立即发出警报，防止食品安全问题的发生。图 11-3 所示为阿里推出的 AI 安全厨房，利用红外技术监测燃点功能的说明。

同时，AI 还能对菜品制作过程进行全程跟踪和记录，确保每一步操作都符合卫生标准和质量要求。另外，AI 还能通过数据分析发现潜在的食品安全风险，并提前采取措施进行预防和控制，从而为餐饮企业筑起一道坚实的食品安全防线。

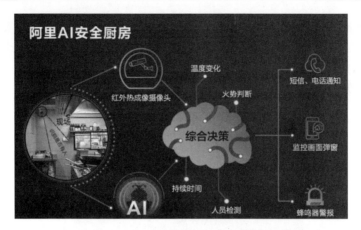

图 11-3　阿里 AI 安全厨房利用红外技术监测燃点图解说明

11.2　AI 在餐饮行业活动策划与执行中的作用

在餐饮行业的激烈竞争中，AI 餐饮活动策划与执行作为新兴策略，正逐步决定着行业格局。AI 利用人工智能技术的深度分析能力，能够精准定义活动目标与受众，实现市场细分与个性化推广。本节将介绍 AI 在餐饮活动策划与执行中的关键作用。

11.2.1　市场分析与精准定位

AI 技术通过大数据分析，能够深度挖掘用户行为模式、消费偏好及趋势变化。这种基于数据的分析，使得餐饮企业能够更加科学地制定活动策略，实现精准定位。

具体而言，AI 能够分析社交媒体、在线点评和历史消费记录等多源数据，识别出潜在的目标客户群体，并预测其可能的兴趣点和消费意愿。基于这些洞察，餐饮企业可以设计出更符合用户期望的活动主题、菜品搭配及优惠方案，从而在众多竞争者中脱颖而出，吸引并留住顾客。

11.2.2　顾客互动与体验优化

顾客互动与体验正成为餐饮行业核心竞争力的一部分，并被 AI 技术以前所未有的方式重塑与提升。AI 的融入不仅拓宽了顾客与餐饮品牌之间的互动渠道，还深刻地优化了顾客的服务互动和用餐体验，使之更加个性化、高效且充满乐趣。

首先，智能推荐系统成为连接顾客与美食的桥梁。该系统能够智能分析顾客的口味偏好、过往消费习惯等数据，精准推送符合其个人喜好的菜品或特色套餐。这种个性化的推荐服务不仅提升了顾客对菜品的满意度，还增强了他们对餐饮品牌的忠诚度和归属感。

其次，语音识别助手的引入，实现了点餐、支付等流程的智能化与自动化。图 11-4 所示为 AI 语音点餐界面。

图 11-4　AI 语音点餐界面

顾客只需输入简单口令，即可轻松完成一系列操作，大大缩短了等待时间，提升了用餐效率。这种无缝的交互体验让顾客感受到了前所未有的便捷与舒适，进一步提升了整体用餐满意度。

最后，VR 技术的运用为顾客打造了一个超越现实的沉浸式就餐环境。顾客可以在虚拟世界中探索独特的文化氛围，享受视觉与味觉的双重盛宴。这种创新的就餐体验不仅让顾客在品尝美食的同时获得更多元化的感官享受，还加深了他们对餐饮品牌的记忆与好感。

11.3　使用豆包策划餐饮行业活动方案

豆包是字节跳动公司基于其先进的大模型技术——云雀模型开发的一款功能强大的 AI 工具，如图 11-5 所示。豆包不仅集成了聊天机器人、写作助手及英语学习助手等基础功能，还通过不断优化和拓展，为各行各业提供了智能化的解决方案。它以强大的数据处理、分析预测和自主学习能力，成为众多企业和个人提升效率、优化体验的重要伙伴。

在餐饮行业的活动策划中，豆包能够精准刻画顾客画像并进行个性化推荐，实时促进顾客互动与反馈收集，创新用户就餐体验。本节主要介绍使用豆包策划餐饮行业活动的相关技巧。

图 11-5　豆包工作界面

11.3.1　AI 活动策划 1：菜品上新

菜品上新活动是餐饮行业为了吸引顾客、提升品牌形象和保持市场竞争力而定期或不定期推出新菜品的一系列营销举措。这些活动不仅丰富了餐厅的菜单，还能满足顾客对新鲜事物的追求，增强顾客的消费体验。

下面是一个使用豆包策划的菜品上新活动案例。

提示词

请根据"卤菜产品上新"这一活动主题，制作一个菜品上新活动的策划与执行方案，具体内容包括市场分析、菜品定位、宣传策略、菜品展示、文案设计

豆包

"卤菜产品上新"活动策划与执行方案

一、市场分析

- 行业现状：目前卤菜市场竞争激烈，消费者对于卤菜的品质、口味和卫生要求越来越高。同时，随着人们生活节奏的加快，方便快捷的卤菜产品受到越来越多消费者的青睐。

- 目标受众：主要针对上班族、家庭主妇和学生等群体。这些人对于食品的便利性和口感有较高的要求，同时也注重食品的卫生和安全。
- 竞争对手分析：对周边的卤菜店、超市熟食区等竞争对手进行分析，了解它们的产品种类、价格和促销活动等情况，找出自身的优势和不足，以便在活动中更好地突出自己的特色。

二、菜品定位

- 产品特色：本次上新的卤菜产品以独特的口味和高品质的食材为特色。采用传统卤制工艺，结合现代食品加工技术，确保卤菜的口感鲜美、营养丰富。
- 目标价格：根据市场调研和成本分析，确定合理的价格区间。这一价格区间既要保证产品的品质和利润，又要具有一定的市场竞争力。
- 包装设计：采用环保、卫生的包装材料，并设计简洁大方的包装外观，以突出产品的特色和品牌形象。

三、宣传策略

1. 线上宣传
- 社交媒体推广：在微信、微博和抖音等社交媒体平台上发布新品上市的信息和图片，吸引用户的关注。同时，还可以通过举办互动活动，如点赞、评论和转发抽奖等，提高用户的参与度。
- 电商平台推广：在各大电商平台上发布新品信息，举办优惠活动，吸引用户购买。此外，还可以通过优化产品页面、提高搜索排名等方式，提高产品的曝光率。

2. 线下宣传
- 门店宣传：在门店门口张贴新品上市的海报和摆放宣传展板，以吸引过往行人的注意。此外，还可以在门店内设置试吃区，让顾客品尝新品，从而提高产品的知名度和美誉度。
- 社区宣传：在周边社区发放传单、张贴海报，宣传新品上市的信息和优惠活动。此外，还可以与社区居委会、物业公司等合作举办社区活动，提高品牌的整体知名度和美誉度。

四、菜品展示

- 陈列设计：……
- 试吃活动：……

五、文案设计

- 宣传口号：……
- 产品介绍：……
- 促销文案：……

通过以上方案，新品特色菜可以进行有效的营销推广，并在周密的活动策划下有步骤地进行宣传。

11.3.2　AI 活动策划 2：特色美食

特色美食活动是一种以美食为主题的节庆活动，旨在汇集某一地域或某些区域的美食进行展销，同时结合多种活动形式，提升地方文化的影响力和经济活力。这类活动通常具有创意新颖别致、产品特色突出、活动形式多样、经营时间较短、组织管理周密以及社会影响广泛的特点。

下面是一个使用豆包策划的特色美食活动案例。

提示词

请根据"烤肉嘉年华"这一活动主题，制作一个特色美食活动的策划与执行方案，具体内容包括活动筹备、举办主题、展位及展销时刻、运作模式、宣传方式

豆包

"烤肉嘉年华"活动策划与执行方案

一、活动筹备

1. 场地选择

（1）寻找一个宽敞、通风良好且有足够停车位的户外场地，如公园、广场或大型庭院。场地内最好有一定的自然景观，以便为活动增添氛围。

（2）确保场地可以容纳多个烤肉摊位、就餐区、舞台以及娱乐设施。

2. 设备与物资准备

（1）烤肉设备。采购或租赁足够数量的烤炉、炭火和烤肉工具等，确保烤炉的质量和安全性。

（2）食材采购。与可靠的供应商合作，预订新鲜的肉类（牛肉、羊肉、猪肉和鸡肉等）、海鲜、蔬菜和调料等。同时，考虑提供一些特色食材，如进口肉类、有机蔬菜等。

（3）餐具与桌椅。准备足够的餐具、桌椅和遮阳伞等，为游客提供舒适的就餐环境。

（4）舞台与音响设备。搭建舞台，配备音响、灯光等设备，用于表演和活动。

（5）娱乐设施。设置儿童游乐区，如充气城堡、滑梯等；准备一些互动游戏设施，如射箭、飞镖等。

3. 人员招聘与培训

（1）招聘烤肉师傅、服务员、安保人员以及保洁人员等。

（2）对烤肉师傅进行专业培训，确保他们掌握不同烤肉的制作技巧和口味调配。

（3）对服务员进行服务礼仪培训，旨在提高服务质量。

4. 安全与卫生保障

制定安全应急预案，确保活动期间的人员安全。设置明显的安全警示标志，并配备消防设备。加强食品卫生管理，对食材的采购、储存和加工等环节进行严格监管。要求烤肉师傅和服务员遵守卫生规范，并佩戴口罩和手套等。

二、举办主题

舌尖上的烤肉盛宴，畅享欢乐嘉年华。

三、展位及展销时刻

1. 烤肉摊位

（1）设置不同风格的烤肉摊位，如韩式烤肉、巴西烤肉和新疆烤肉等。每个摊位展示其特色烤肉和调料，让游客能够品尝到不同风味的烤肉。

（2）摊位可以由专业的烤肉店、餐厅或个人经营。提供现场烤制的服务，让游客能够看到烤肉的制作过程。

2. 美食展销区

（1）除了烤肉摊位，还可以设置美食展销区，展示和销售各种与烤肉搭配的美食，如面包、沙拉、水果和饮料等。

（2）邀请当地的美食商家、手工艺品商家等参加展销，以增加活动的多样性和吸引力。

3. 展销时刻

活动可以在周末或节假日举办，展销时间可以从上午 10 点持续到晚上 8 点。根据不同时间段的游客流量，合理安排烤肉摊位和美食展销区的营业时间。

四、运作模式

- 门票销售：……
- 摊位招商：……
- 合作赞助：……
- 娱乐活动收费：……

五、宣传方式

- 线上宣传：……
- 线下宣传：……
- 媒体合作：……

通过以上方案，此活动可以有趣且丰富地进行，给用户带来富有价值的宝贵体验和用餐感受。

11.4 餐饮行业的 AI 活动执行案例分析

餐饮行业活动在推动业务发展、提升品牌形象、增强顾客黏性等方面具有重要作用，不仅能提升营业额，还是品牌塑造与形象宣传的有效手段。AI 的加入放大了餐饮行业活动在业务方面的优势，提升了活动执行的效率和效果。本节将通过具体案例对餐饮行业的 AI 活动执行进行分析。

11.4.1 麦当劳：用 AI 创新互动式农历新年活动

在迎接 2023 年兔年新春之际，麦当劳展现了其前瞻性的营销策略，携手 Instagram（一款手机拍照软件）上备受瞩目的数字内容创意博主，共同打造了一系列融合 AI 技术的互动式农历新年活动。图 11-6 所示为 AI 打造的新年商业广告作品展示。

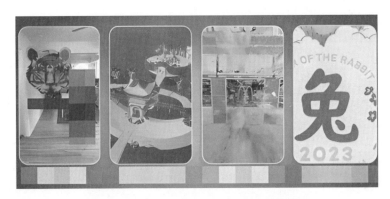

图 11-6 AI 打造的新年商业广告作品展示

这一系列活动不仅彰显了麦当劳对传统文化的尊重与创新，也展示了 AI 在提升顾客体验以及增强品牌互动性和创新广告形式方面的巨大潜力。下面对麦当劳的 AI 活动执行策略进行分析。

1. 跨界合作，精准定位目标受众

麦当劳选择与拥有百万粉丝的博主合作是一次精准的受众定位。博主的影响力覆盖了广泛的年轻及多元文化群体，尤其是对中国农历新年有深厚情感的受众。这种合作不仅扩大了麦当劳的品牌曝光度，也确保了活动内容能够精准触达目标用户。

2. 创新技术应用，打造沉浸式体验

麦当劳应用以下两款创新技术打造了沉浸式体验。

（1）NeRF 技术。麦当劳首次在广告中采用 NeRF（Neural Radiance Fields，神经辐射场）技术，这是一种前沿的三维场景和渲染技术。通过 NeRF 技术，麦当劳成功复刻了博主的童年假期回忆，为用户呈现了一个高度逼真、充满想象力的三维世界。这种技术不仅提升了广告的视觉冲击力，还增强了用户的沉浸感和参与感。

（2）AR 滤镜。结合体验式 AR 滤镜，用户通过扫描二维码，能够亲自体验 NeRF 技术创造的 3D 场景。这种互动方式极大地增强了广告的趣味性和互动性，使用户从被动接受信息转变为主动探索体验。

3. 数据驱动，优化广告效果

在广告制作过程中，麦当劳充分利用 AI 技术进行数据分析。通过 AI 分析用户的注意力分布，广告制作团队能够精确调整画面中的关键元素，确保广告信息的有效传达。这种数据驱动的方法不仅提高了广告的制作效率，还确保了广告内容的精准度和吸引力。

11.4.2 雀巢：用 AI 打造品牌大促活动

雀巢集团以前瞻性的视角，将 AIGC（Artificial Intelligence Generated Content，人工智能生成内容）技术深度融入年度品牌大促活动——"美味玩出界"，开启了一场前所未有的品牌互动盛宴。此次活动不仅展现了雀巢对用户需求的精准把握，更是 AI 技术驱动营销创新的生动实践。

面对活动筹备时间紧迫、全球多地拍摄受限的挑战，雀巢利用 AIGC 技术能够快速生成多样化的自然场景与创意概念图，相关示例如图 11-7 所示。

图 11-7　雀巢利用 AIGC 技术生成的自然场景与创意概念图

这些由 AI"脑洞大开"创造的内容，不仅提前锁定了活动的视觉基调与创意方向，还极大地缩短了传统创意流程中的反复修改与确认时间。

在项目实施过程中，AIGC Studio 的双重协作模式成为关键。一方面，AI 技术以惊人的速度批量生成高质量的概念图和写实场景，覆盖了雀巢旗下多个业务线及全球各地的经典产品，有效缓解了素材获取与制作的压力；另一方面，创意团队与 AI 紧密配合，并对 AI 生成的内容进行精细化调整与优化，确保每一个场景、每一个元素都能精准传达品牌信息，同时保持高度的视觉吸引力和文化敏感性。

11.4.3　食验室：AI 承担包装设计的核心工作

在创新食品领域，食验室品牌以前瞻性的视角和勇于探索的精神再次引领行业潮流。创始人的一次大胆尝试，不仅挑战了传统包装设计的边界，还将 AI 推向了包装设计工作的核心位置，为食品行业的营销实践树立了新的标杆。

本次实验围绕菜园小饼这一即将面世的新品展开，赋予了 AI 前所未有的重任——直接负责包装设计的核心工作。使用者向 AI 明确提出了设计需求，包括基本产品信息、强化食欲感、传递健康印象以及保持品牌阵列的和谐统一。

在实验中，AI 首先生成了一系列图片素材，随后外部设计师在限定时间内进行排版优化，最终形成了 4 款风格迥异的包装设计，如图 11-8 所示。

面对 4 款由 AI 主导设计的包装方案及原包装，食验室并未急于做出选择，而是选择了一种更科学且直接的方式来检验成果——将所有包装同时投放市场，以销量作为评判标准。这一决策不仅体现了食验室对用户偏好的高度重视，也彰显了其在市场策略上的灵活与果敢。

图 11-8　4 款由 AI 生成的食验室产品包装设计图

图 11-8　4 款由 AI 生成的食验室产品包装设计图（续）

本 章 小 结

本章介绍了 AI 在餐饮行业活动策划与执行中的广泛应用及深远影响。首先，分析了 AI 在餐饮行业中的应用与优势；随后介绍了 AI 在餐饮行业活动策划与执行中的作用；接着重点展示了 AI 如何助力菜品上新、特色美食等活动的创新策划；最后通过具体的案例分析，进一步证明了 AI 在餐饮行业活动执行中的实战效果与商业价值，使读者深刻理解 AI 技术在推动餐饮行业创新与发展中的重要作用。

课 后 习 题

1. 使用豆包策划一个特色美食活动。
2. 简要分析麦当劳用 AI 创新互动式农历新年活动的执行策略。

第12章

旅游行业的 AI 活动策划与执行

在当今时代，旅游行业正式迈入了与 AI 深度融合的新阶段。本章将探讨 AI 技术如何为旅游行业的活动策划与执行创造价值。从提升游客体验到推动产品创新，再到自动化运营与精准营销，AI 正逐步成为旅游行业活动策划与执行的智慧引擎。

12.1　AI 在旅游行业中的应用与优势分析

随着科技的飞速发展，AI 正逐步渗透并深刻改变着旅游行业。本节分析将 AI 技术应用于旅游行业的优势，揭示其如何通过智能化手段显著提升该行业的发展水平，从个性化推荐到实时信息反馈，让每一次旅行都更加贴心、顺畅。

12.1.1　提升游客体验与满意度

在旅游行业中，AI 技术的引入显著提升了游客体验，其特点包括深度理解、个性化定制与即时响应，这些特性提升了游客的满意度与整体旅行体验。

AI 技术通过先进的机器学习算法，能够深入挖掘并分析游客的历史行为数据，并在专属 App 上构建社群，刻画出每位游客独特的兴趣图谱和偏好模型，智能地预测游客的潜在需求，并据此推送高度个性化的旅游推荐信息。这种高效、精准的推荐方式不仅让游客能够轻松规划行程，还能确保每一步都符合自己的期待，从而显著提升旅行的满意度。

随着 AI 技术的不断进步，一些先进的系统还具备了情感识别的能力，它们通过分析游客的语音、表情等信息，能够感知游客的情绪变化，并据此调整服务策略，提供更加贴心、人性化的互动体验。例如，当游客表达不满或困惑时，AI 客服能够迅速识别并主动提供解决方案或给予安慰，有效缓解游客的负面情绪，从而提升整体旅行体验。

12.1.2　促进旅游产品创新与开发

AI 技术的深度应用不仅加速了旅游市场的革新，还极大地丰富了旅游产品的形态与内涵，为游客带来了更加多元化、个性化的旅行体验。下面从两个方面说明 AI 如何促进旅游产品的创新与开发。

1. 智能辅助设计，提升旅游产品创意与质量

AI 通过智能算法与机器学习技术，能够辅助设计师进行创意构思与方案优化。设计师可以利用 AI 进行市场调研、竞品分析等工作，为产品设计提供科学依据。另外，AI 还能通过模拟分析、优化迭代等手段，对旅游产品的各个细节进行精细打磨，确保产品的吸引力与竞争力。

例如，在旅游线路规划方面，AI 能够根据游客的偏好、预算和时间等因素，自动生成定制化的旅行方案，从而为游客提供更贴心、更便捷的旅游服务。

2. 虚拟现实与增强现实，重塑旅游体验边界

VR 和 AR 技术的兴起为旅游产品的创新开辟了新的路径。VR 技术通过构建三维虚拟环境，让游客仿佛置身于真实的旅游场景中，感受不同地域的文化魅力与自然风光；AR 技术则能在现实世界中叠加虚拟信息，为游客提供更加丰富的交互体验与信息展示。这种全新的旅游体验方式不仅打破了传统旅游的时空限制，还极大地提升了旅游产品的趣味性与互动性，为游客带来了前所未有的旅行享受。

12.2　AI 在旅游行业活动策划与执行中的作用

AI 已成为旅游行业活动策划与执行不可或缺的力量，它不仅能够实现活动流程的自动化运营，提高效率与精准度，还能在客户服务与互动环节中大放异彩。通过智能分析并预测游客需求，AI 能够提供个性化、定制化的服务体验。

在营销与推广方面，AI 技术能够精准定位目标市场，优化推广策略，实现营销效果的最大化。这些优势不仅降低了旅游企业的运营成本，还极大地提升了游客的满意度与忠诚度。下面对这些方面进行详细介绍。

12.2.1　自动化运营

自动化运营是 AI 在旅游行业活动策划与执行中的首要应用。通过集成 AI 技术的智能系统，旅游企业能够自动化处理从活动规划到执行的全过程。从活动的初步构思、时间地点的安排和资源调配，到活动过程中的现场管理、数据统计与分析，AI 都能提供高效、精准的解决方案。这不仅显著降低了人工操作的复杂性和错误率，还使活动策划与执行的效率得到了质的飞跃。另外，AI 系统还能根据实时数据反馈，对活动方案进行动态调整，确保活动能够顺利进行并达到预期效果。

12.2.2　营销与推广

营销与推广是旅游行业活动策划与执行中的重要环节，而 AI 技术的应用使旅游企业能够实现精准营销和高效传播。通过大数据分析技术，AI 能够深入挖掘游客的行为模式和消费趋势，为旅游企业提供精准的市场洞察。

在此基础上，旅游企业可以制定更加精准的营销策略和推广计划，确保广告和资源能够精准投放到目标市场。同时，AI 还能通过智能推荐系统为游客提供符合其兴趣和需求的旅游产品与服务推荐，从而提升市场转化率和用户黏性。

另外，AI 技术还能通过社交媒体、电子邮件等渠道实现营销信息的自动化推送和效果追踪，帮助旅游企业评估营销活动的效果，并不断优化策略。

12.3 使用豆包策划旅游行业活动方案

豆包的多方面功能为旅游活动的策划与执行带来了显著的优势,尤其是智能推荐与规划、内容生成、跨语言沟通以及数据分析等功能,为旅游活动的策划与执行提供了强有力的支持。本节主要介绍使用豆包策划旅游行业活动方案的相关技巧。

12.3.1 AI活动策划1:观光旅游

观光旅游是旅游的一项最基本的活动内容,其间,人们前往自己向往的地方进行短暂停留,以观赏当地的风景名胜、人文古迹、城市美景及其风土人情等为主要目的。通过观光游览,旅游者可以达到改变常居环境、开阔眼界、增长见识、陶冶性情、愉悦心情、鉴赏大自然造化之美、享受现代化城市生活的情趣,以及满足异地购物等多方面的需求。

下面是一个使用豆包策划的观光旅游活动案例。

> **提示词**
>
> 请根据"主题公园观光旅游"这一活动主题,制作一个观光旅游活动的策划与执行方案,具体内容包括背景分析、目标群体分析、活动策划、推广与营销

> **豆包**
>
> **"主题公园观光旅游"活动策划与执行方案**
>
> **一、背景分析**
>
> 　　随着人们生活水平的提高和对休闲娱乐需求的不断增长,主题公园观光旅游成为一种受欢迎的旅游方式。主题公园以其独特的主题、丰富的游乐设施和精彩的表演,吸引着大量游客。本次主题公园观光旅游活动旨在为游客提供一种充满乐趣和惊喜的旅游体验,同时提升主题公园的知名度和美誉度。
>
> **二、目标群体分析**
>
> - **家庭游客**:以父母带着孩子为主,他们注重亲子互动和家庭娱乐,对主题公园的游乐设施、表演和亲子活动有较高的需求。
> - **年轻游客**:包括青少年和大学生,他们追求刺激和新奇的体验,对主题公园的过山车、跳楼机等刺激游乐设施和主题活动有浓厚的兴趣。
> - **情侣游客**:他们注重浪漫和温馨的氛围,对主题公园的浪漫景点、表演和情侣活动有较高的需求。

三、活动策划
- 活动时间：具体活动时间
- 活动地点：主题公园名称及地址
- 活动内容：

（1）主题游览。设置不同的主题游览路线，如亲子路线、刺激路线、浪漫路线等，以满足不同游客的需求。游客可以根据自己的兴趣选择相应的路线，并跟随导游的讲解深入了解主题公园的主题和文化。

（2）游乐设施体验。主题公园拥有丰富的游乐设施，如过山车、跳楼机、旋转木马等。游客可以尽情体验这些游乐设施，感受刺激和快乐。

（3）表演观赏。……

（4）亲子活动。……

（5）情侣活动。……

（6）美食体验。……

（7）购物体验。……

四、推广与营销

1. 线上推广

（1）社交媒体营销。……

（2）旅游平台推广。……

（3）搜索引擎营销。……

2. 线下推广

（1）旅行社合作。……

（2）社区宣传。……

（3）合作推广。……

通过以上方案，不仅可以给旅游市场带来多样化的选择，还可以提升主题公园的知名度，增加旅游收入。

12.3.2 AI 活动策划 2：生态旅游

生态旅游是以可持续发展为理念，以保护生态环境为前提，以统筹人与自然和谐发展为准则，并依托良好的自然生态环境和独特的人文生态系统，采取生态友好的方式开展的生态体验、生态教育和生态认知，并获得心身愉悦的旅游活动。

下面是一个使用豆包策划的生态旅游活动案例。

提示词

请根据"生态特色小镇旅游"这一活动主题,制作一个生态旅游活动的策划与执行方案,具体内容包括项目背景与目标、项目步骤与措施、项目实施计划、活动组织与推进。

豆包

"生态特色小镇旅游"活动策划与执行方案

一、项目背景与目标

1. 项目背景

本次生态特色小镇旅游活动旨在充分发挥生态特色小镇的资源优势,打造一个集生态观光、休闲度假、文化体验于一体的旅游品牌,提升小镇的知名度和美誉度,促进当地经济的发展。

2. 项目目标

- 提高生态特色小镇的知名度和美誉度,吸引更多的游客前来旅游。
- 推广生态旅游理念,提高游客的环保意识。
- 打造一个具有特色的生态旅游品牌,提升小镇的竞争力。

二、项目步骤与措施

第一阶段:筹备阶段。

- 成立项目筹备小组,负责活动的策划、组织和实施。
- 对生态特色小镇进行全面的调研和分析,了解小镇的自然环境、文化底蕴、旅游资源等情况。
- 制定活动方案,明确活动的主题、目标、内容、时间、地点和参与人员等。
- 进行活动宣传,通过各种渠道向社会发布活动信息,吸引游客报名参加。

第二阶段:实施阶段。

- 按照活动方案的要求,组织游客进行生态特色小镇旅游。
- 开展各种生态旅游活动,如生态观光、自然体验、文化探秘、户外运动等。
- 提供优质的旅游服务,确保游客的旅游体验。

三、项目实施计划

1. 活动时间

具体活动时间,如2024年××月××日至××月××日。

2. 活动地点

生态特色小镇。

3. 活动内容

- 生态观光:……

- 自然体验：……
- 文化探秘：……
- 户外运动：……
- 生态科普：……

4. 活动流程
- 第一天：……
- 第二天：……
- 第三天：……
- 第四天：……

四、活动组织与推进

1. 组织架构

……

2. 推进计划
- 筹备阶段：……
- 实施阶段：……
- 总结阶段：……

通过以上方案，不仅推动了旅游行业的多元化发展，也提升了用户的环保意识。

12.4 旅游行业的 AI 活动执行案例分析

旅游行业在国民经济中占据着重要地位，是推动经济增长、促进文化交流和提升影响力的重要力量。随着人们生活水平的提高和休闲时间的增加，旅游需求持续增长，为旅游行业带来了巨大的发展机遇。

AI 技术的加入对旅游行业的活动执行起到了显著的帮助作用。本节将详细分析旅游行业的 AI 活动执行案例，并说明其中运用的技巧。

12.4.1 哈尔滨冰雪大世界：AI 赋能 VR 沉浸式体验

哈尔滨冰雪大世界凭借独特的创意与前沿技术的结合，通过引入 VR 全景拍摄技术及 AI 智能优化，不仅打破了地域限制，还让全球游客即便身处远方也能身临其境地感受那份独属于北国的冰雪魅力。

哈尔滨冰雪大世界作为冬季旅游的璀璨明珠，以其壮观的冰建筑、精致的雪雕和璀璨的冰灯闻名遐迩。然而，面对很多不可抗力因素导致的游客流动受限，如何保持景区的吸引力和影响力成为亟待解决的问题。

为此,哈尔滨冰雪大世界创新性地采用了 VR 全景拍摄技术,对景区内的每一处经典冰雪体验项目进行全方位、多角度的素材采集。这些高清、细腻的 VR 全景图像经过专业团队的精心拼接与处理,构建了一个逼真的虚拟冰雪世界,相关示例如图 12-1 所示。

图 12-1　VR 虚拟冰雪世界相关示例

游客只需佩戴 VR 设备或通过智能手机等终端设备,就能瞬间穿越到那个银装素裹、晶莹剔透的童话王国。他们可以在虚拟空间中自由漫步,近距离观赏冰建筑的雄伟壮观,感受雪雕的细腻与创意,以及冰灯在夜色中散发出的迷人光芒,全方位沉浸在这场冰雪盛宴之中。

而在这场 VR 沉浸式体验活动的背后,AI 技术发挥了不可或缺的作用。AI 算法能够自动分析 VR 全景图像,识别并优化图像中的细节,如色彩平衡、亮度调整等,确保每一帧画面都达到最佳视觉效果。

哈尔滨冰雪大世界通过引入 VR 全景拍摄技术与 AI 智能优化,成功打造了一场跨越时空的冰雪盛宴。这场沉浸式体验活动不仅让全球游客在无法实地游玩的情况下依然能感受到冰雪世界的独特魅力,也为旅游行业树立了科技赋能、创新发展的典范,为更多游客带来前所未有的惊喜与感动。

12.4.2　飞猪:AI 快速制作千张旅游景点创意广告图

在 2023 年五一假期前夕,飞猪旅行平台以"这个五一玩什么"为核心主题,巧妙地运用 AI 技术,为用户提供了前所未有的旅行灵感盛宴。飞猪启动了一项创新活动,即利用 AI 快速制作出千张涵盖全球旅游景点的创意广告图。这一举措不仅展现了科技的魅力,还极大地丰富了用户的出行选择。

为了使传播活动的效果最大化,飞猪将这些由 AI 精心打造的广告图投放至城市地铁站这一高人流量的公共区域。地铁作为城市生活的缩影，乘客群体广泛且活跃，成为飞猪广告理想的展示窗口。广告一经亮相，便迅速吸引了过往乘客的目光，成为地铁站内一道亮丽的风景线。图 12-2 所示为飞猪的 AI 广告图在地铁通道中的展示效果。

图 12-2　飞猪的 AI 广告图在地铁通道中的展示效果

本 章 小 结

本章介绍了 AI 在旅游行业活动策划与执行中的广泛应用及优势。首先分析了 AI 如何提升游客体验与满意度，并促进旅游产品的创新开发；随后详细阐述了 AI 在自动化运营、营销与推广方面发挥的关键作用；接着以豆包为例，展示了 AI 如何策划具体的旅游活动方案；最后通过案例分析，进一步揭示了 AI 技术在旅游活动执行中的实际应用与成效。通过本章内容的学习，读者能够认识到 AI 技术在旅游策划与执行中的巨大潜力及价值。

课 后 习 题

1. 简要说明 AI 如何促进旅游产品创新与开发。
2. 使用豆包策划一个生态旅游活动。

第 13 章

酒店行业的 AI 活动策划与执行

本章将详细介绍酒店行业如何利用 AI 技术策划与执行活动，以创新驱动服务升级。从 AI 技术带来的运营优化与住客体验提升，到活动策划中的精准需求分析与定制化服务设计，再到具体案例展示 AI 如何助力酒店活动执行，本章全面揭示了 AI 如何成为酒店行业创新发展的强大引擎。

13.1　AI 在酒店行业中的应用与优势分析

随着科技的日新月异，AI 技术在酒店行业中正展现出强大的智能化潜力。通过 AI 技术的巧妙应用，酒店能够显著提升服务质量，优化内部管理流程，并极大增强客户满意度。本节将深入剖析 AI 技术在酒店行业中的显著优势，揭示这一前沿科技如何助力酒店行业迈向更加高效、智能与人性化的未来。

13.1.1　优化运营效率

AI 技术在酒店行业的应用极大地优化了运营效率。在传统酒店运营中，诸如预订管理、客房分配和顾客服务等多个环节往往需要大量的人工操作，不仅效率低下，还容易出错。而 AI 技术的引入，通过智能系统的自动化处理，实现了这些流程的智能化和自动化。

例如，AI 可以通过了解顾客的历史数据与偏好，自动为其推荐最适合的房间，通过智能预订与入住手续，大大节省了顾客的时间与精力。图 13-1 所示为酒店中的智能入住机设备。该设备通过集成 AI 技术，如机器学习、自然语言处理和计算机视觉等，实现了对复杂信息的快速处理和分析，从而提供更加智能化的服务。

图 13-1　智能入住机设备

宾客可以通过酒店的智能入住机快速完成入住手续等，无须排队等待人工服务。这一功能不仅提高了入住效率，还提升了宾客的入住体验。同时，AI 还能实时监控酒店的运营状况，对人力资源、物资管理等进行精准调配，确保各项资源得到最合理的利用，从而提升整体运营效率。

13.1.2 提升顾客体验与服务品质

除了优化运营效率外，AI 技术还显著提升了顾客体验与服务品质。AI 能够深入了解顾客的需求与偏好，为他们提供更加个性化、贴心的服务。

例如，在客房服务方面，AI 可以根据顾客的喜好自动调节室内光线或音乐等环境设置，营造出最适合顾客的居住氛围，相关示例如图 13-2 所示。另外，AI 还能通过智能客服系统为顾客提供 24 小时不间断的在线服务，随时解答顾客的疑问与满足顾客的需求，从而进一步提升顾客的满意度与忠诚度。

图 13-2　AI 智能调节睡眠场景

13.2　AI 在酒店行业活动策划与执行中的作用

酒店行业的活动策划与执行是提升品牌形象、增强顾客黏性和促进业务增长的关键环节，涵盖了从活动构思、方案制定到执行落地的全过程，旨在通过精心策划的活动为顾客创造独特而难忘的体验。

AI 凭借强大的数据处理与分析能力，实现了活动的定制化与个性化，为顾客带来了前所未有的服务体验。因此，探讨 AI 在酒店行业活动策划与执行中的作用，对于推动酒店行业的创新发展具有重要意义。

13.2.1 利用大数据分析顾客需求

在酒店行业活动策划中，AI 通过大数据分析技术，能够深入挖掘顾客的潜在需求与偏好，为活动的策划提供科学依据。

例如，通过后台分析顾客的相关信息等数据，AI 可以识别出不同客群的特征与需求差异，进而为酒店量身定制符合其偏好的活动方案。图 13-3 所示为 AI 记载的客户酒店入住信息。这种基于数据的精准策划，不仅能够提高活动的吸引力和顾客的参与度，还能有效提升顾客的满意度与忠诚度。

图 13-3 AI 记载的客户酒店入住信息

13.2.2 定制化服务体验策划

在了解顾客需求的基础上，AI 技术还能够助力酒店进行定制化服务体验策划。通过智能算法与机器学习技术，AI 能够模拟人类思维过程，对活动方案不断进行优化与调整，以满足顾客的个性化需求。

例如，在婚宴活动策划中，AI 可以根据新人的爱情故事、喜好风格等自动生成独特的婚礼场景设计方案；在主题活动策划中，AI 则能根据顾客的兴趣爱好与活动主题，推荐合适的活动内容与互动环节。这种定制化服务体验策划，不仅让顾客感受到酒店的用心与关怀，还极大地增强了活动的独特性与趣味性。

13.3 使用天工 AI 策划酒店行业活动方案

天工 AI 是一款融合了人工智能最新研究成果与行业经验的专业解决方案平台，旨在通过智能化手段提升各行业的工作效率与创新能力。

天工 AI 平台集成了深度学习、自然语言处理和图像识别等多种 AI 技术，能够模拟人类的思维过程，并进行复杂的数据分析、策略制定与创意设计。尤为重要的是，天工 AI 还具备高度的可定制性与灵活性，能够根据不同行业的需求与特点，提供个性化的智能服务。

在酒店行业的活动策划中，天工 AI 能够精准洞察需求，策划创意活动，优化资源配置以及实时调整优化，从而提升活动的执行效率与顾客满意度。本节主要介绍使用天工 AI 策划酒店行业活动的相关技巧。

13.3.1 AI 活动策划 1：酒店婚宴活动

酒店婚宴活动是指在新人选择酒店作为婚礼场地时，酒店为满足新人及其顾客在婚礼期间的各种需求而提供的一系列综合性服务活动。这些服务通常包括婚宴的筹备、场地布置、餐饮服务、音响灯光、摄影摄像、司仪主持以及婚礼仪式流程的安排等。酒店婚宴活动不仅是一场庆祝新人结合的盛宴，还是展现酒店服务品质与特色的重要窗口。

下面是一个使用天工 AI 策划的酒店婚宴活动案例。

> **提示词**
>
> 请根据"星空主题婚宴"这一活动主题，制作一个酒店婚宴活动的策划与执行方案，具体内容包括主题含义、布置要素、费用预算、婚礼执行、影像发放

> **天工AI**
>
> "星空主题婚宴"活动策划与执行方案
>
> 一、主题含义
> - 主题名称：星河之恋。
> - 核心理念：星空象征着永恒与浪漫，寓意着两颗心在浩瀚的宇宙中相遇，如同繁星般闪耀，彼此依恋，共度一生。
>
> 二、布置要素
> - 灯光设计：使用 LED 灯模拟星空效果，天花板布置成深邃的夜空，点缀闪烁的星光，营造浪漫的氛围。

- 装饰材料：采用深蓝色和紫色的桌布，搭配银色和金色的餐具，桌上放置透明玻璃瓶，内含微光闪烁的 LED 灯串，模拟星星。
- 花艺设计：以白色、淡紫色花卉为主，如满天星、绣球花，这些花卉与主题相呼应，增添了浪漫气息。

三、费用预算

- 场地租赁：30 000 元。
- 灯光与装饰：20 000 元（包括 LED 灯、桌布、餐具和花艺）。
- 餐饮费用：40 000 元（以 10 桌计算，每桌 4000 元）。
- 摄影摄像：10 000 元。
- 婚礼策划与执行：15 000 元。
- 总预算：115 000 元

四、婚礼执行

（1）仪式流程。
- 迎宾环节：……
- 仪式开场：……
- 星空许愿：……
- 第一支舞：……

（2）娱乐环节。
……

五、影像发放

- 婚礼视频：……
- 照片集锦：……
- 分发方式：……

通过精心的策划与执行，确保"星河之恋"主题婚宴不仅是一场视觉盛宴，更是新人心中永恒的浪漫记忆。

13.3.2 AI 活动策划 2：酒店主题活动

酒店主题活动是酒店在特定场合或时间，根据不同主题和目的进行的各种活动形式。这些活动旨在通过精心策划和创意执行，为顾客提供独特、难忘的体验，同时增强酒店的品牌影响力和市场竞争力。

下面是一个使用天工 AI 策划的酒店主题活动案例。

提示词

请根据"酒店温泉度假主题活动"这一活动主题，制作一个酒店主题活动的策划与执行方案，具体内容包括活动主题、活动时间、活动地点、活动内容、活动宗旨

"酒店温泉度假主题活动"策划与执行方案

一、活动主题

"泉·悦·生活"温泉度假体验周。

二、活动时间

- 开始时间：2024年10月1日（周二）。
- 结束时间：2024年10月7日（周一）。

三、活动地点

- 酒店名称：翠湖温泉度假酒店。
- 详细地址：××市××区××镇。

四、活动内容

1. 温泉体验日
- 日期：10月1日。
- 内容：全天开放酒店特色温泉池，包括花瓣温泉、药草温泉、儿童乐园池等，同时提供免费的温泉体验券。

2. 健康讲座
- 日期：10月2日。
- 内容：邀请知名健康专家分享温泉养生知识和健康生活方式。

3. 亲子互动日
- 日期：10月3日。
- 内容：组织亲子游戏、亲子手工制作活动，增强家庭成员的互动和情感。

4. 美食节

……

5. 温泉摄影大赛

……

6. 温泉夜市

……

7. 闭幕式及颁奖

……

五、活动宗旨

……

通过上述方案的执行，旨在为顾客创造一次难忘的温泉度假体验，同时提升酒店的知名度和客户满意度。

13.4 酒店行业的 AI 活动执行案例分析

酒店行业活动，广义上是指酒店为了吸引潜在客户、保留现有客户以及提升品牌形象而开展的一系列市场营销、客户服务及品牌推广活动。这些活动涵盖了广告宣传、促销活动和客户关系管理等多个方面，旨在通过多元化的策略增加酒店收入，提升客户满意度和忠诚度。

AI 技术的加入，对酒店行业活动产生了深远的影响。AI 技术不仅优化了传统活动的执行方式，还催生了全新的活动形式和体验。通过智能数据分析，AI 能够精准把握客户需求和市场趋势，为酒店活动策划提供科学依据，从而使活动更加精准和高效。本节将详细分析酒店行业的 AI 活动执行案例，并说明其中运用的技巧。

13.4.1 希尔顿酒店：礼宾机器人 Connie 提供优质服务

在数字化转型的浪潮中，希尔顿酒店凭借前瞻性的视野，推出了开创性的礼宾机器人 Connie。这一创新活动举措不仅重新定义了酒店服务的边界，还极大地提升了顾客的入住体验。Connie，这位身高仅 0.61 米的智能伙伴，凭借背后强大的技术支持与人性化的服务设计，正逐步成为希尔顿酒店服务的新名片。图 13-4 所示为智能伙伴 Connie。

图 13-4 智能伙伴 Connie

简要来说，Connie 的 AI 活动执行策略有以下 3 个亮点。

1. 旅行数据库的深度整合

为了提供更加全面的旅行建议，Connie 还接入了旅行数据库。这一资源丰富的平台为 Connie 提供了海量的旅游信息，包括热门景点、特色餐厅和文化活动等，使其能够根据顾客的兴趣偏好实时推荐最合适的旅游路线和活动，让顾客的旅行更加丰富多彩。

2. 持续学习与优化

Connie 不仅是一个静态的机器人，还具备自我学习与优化的能力。通过频繁的客户互动，Connie 能够不断收集并分析顾客的反馈，优化自身的服务逻辑与回复内容，确保每一次服务都能更贴近顾客的真实需求。这种不断进化的特性使 Connie 成为希尔顿酒店服务创新的重要驱动力。

3. 全方位的客人关怀

除了前台的礼宾服务外，Connie 还通过希尔顿酒店的官方 App 为顾客提供了一站式的在线服务体验。顾客可以通过 App 完成点餐、饮料预订、室温调节、灯光控制、晚餐和午餐安排、晚间预订管理、出租车预订，以及行程规划等一系列操作。这种无缝衔接的线上线下服务模式，极大地提升了顾客的便捷性和满意度。

13.4.2　纽约中心万豪酒店：Alexa 智能助理提升顾客体验

在追求极致顾客体验的道路上，纽约中心万豪酒店再次迈出创新步伐，通过深度集成 Amazon Alexa 智能助理，为客房服务带来了前所未有的智能入住活动体验。这一活动举措不仅重新定义了酒店服务的便捷性，还巧妙地融合了个性化推荐与实时促销活动策略，极大地提升了顾客的住宿体验与酒店的运营效益。

简要来说，纽约中心万豪酒店的 AI 活动执行策略有以下 3 个亮点。

1. 无缝集成，即时响应

纽约中心万豪酒店将 Amazon Alexa 智能机器人助理无缝融入客房环境，顾客只需输入简单的语音指令，即可轻松获取所需信息。无论是查询泳池开放时间、餐厅菜单，还是了解周边景点，Amazon Alexa 都能迅速响应，并提供准确详尽的答案。这种即时性极大地提升了顾客的便利感，让服务触手可及。图 13-5 所示为万豪酒店的智能机器人助理。

2. 提升营收潜力，优化资源配置

通过 Alexa 智能助理的实时促销推送，纽约中心万豪酒店能够更精准地触达潜在消费者，从而提高促销活动的参与度和转化率。同时，酒店还能根据住客的反馈和行为数据，不断优化服务内容和资源配置，确保资源的高效利用和营收的最大化。

图 13-5　纽约中心万豪酒店的智能机器人助理

3. 提升品牌形象，引领行业趋势

纽约中心万豪酒店引入 Alexa 智能助理的举措，不仅是对传统客房服务的一次革新，更是对酒店行业智能化转型的一次积极探索。这一创新活动实践不仅提升了酒店自身的品牌形象和市场地位，也为整个行业树立了新的标杆和示范。

本 章 小 结

本章详细介绍了 AI 在酒店行业活动策划与执行中的应用及其优势。通过本章内容的学习，读者将了解到 AI 能够优化酒店运营效率，提升顾客体验与服务品质。通过大数据分析顾客需求，AI 助力酒店实现定制化服务体验策划。此外，还介绍了使用天工 AI 策划酒店行业活动方案的技巧。同时，结合具体案例，如希尔顿的礼宾机器人 Connie 和纽约中心万豪酒店的 Alexa 智能助理，展示了 AI 在实际活动中的成功应用，进一步加深了读者对 AI 如何改变酒店行业的认知。

课 后 习 题

1. 简要说明 AI 技术应用于酒店行业的优势。
2. 使用天工 AI 策划一个酒店主题活动。

第14章

汽车行业的 AI 活动策划与执行

本章将深入分析 AI 技术在汽车行业活动策划与执行中的创新应用。从推动自动驾驶技术的飞跃发展到智能网联的深化，AI 不仅为汽车行业带来了技术革新，还在活动策划与执行中展现出前所未有的潜力。通过智能预约、监控与反馈等手段，AI 正引领汽车行业活动策划迈向更加高效和个性化的新时代。

14.1 AI 在汽车行业中的应用与优势分析

随着科技的进步，AI 已成为推动汽车行业变革的关键力量。AI 的融入极大地推动了自动驾驶技术的发展，不仅提升了驾驶的安全性与效率，还为用户带来了全新的出行体验。同时，AI 技术促进了智能网联的深化与数据应用的广泛普及，使汽车成为连接人、车和路的智能移动空间，为行业带来了全新的商业模式与增长点。本节将详细阐述这些优势，展现 AI 如何为汽车行业注入新的活力与可能性。

14.1.1 推动自动驾驶技术的发展

自动驾驶技术作为 AI 在汽车行业应用的重要成果，其发展进程受到了广泛关注。AI 通过深度学习、计算机视觉和自然语言处理等技术手段，使车辆能够感知周围环境，了解交通规则，以及预测其他车辆和行人的行为，并据此做出正确的驾驶决策。这一技术的突破不仅极大地提升了驾驶的安全性和效率，还为用户带来了前所未有的便捷体验。

自动驾驶技术的发展解决了人为驾驶中因疲劳、分心等导致的交通事故问题。图 14-1 所示为 AI 自动驾驶示例。

图 14-1 AI 自动驾驶示例

AI 系统能够持续、稳定地监控路况，并在紧急情况下迅速做出反应，有效降低了事故发生的概率。另外，自动驾驶技术的应用还缓解了城市交通拥堵问题。通过智能调度和路径规划，自动驾驶车辆能够更加高效地利用道路资源，减少等待时间和空驶率，从而提高整体交通效率。

14.1.2 推动智能网联与数据应用

除了自动驾驶技术外,AI 还推动了智能网联与数据应用在汽车行业的普及。智能网联汽车通过车载传感器、GPS(Global Positioning System,全球定位系统)和车联网等技术手段,实现了车辆与车辆、车辆与道路基础设施之间的信息交换和共享。这种信息交互不仅提升了驾驶的便捷性和安全性,还为汽车行业带来了全新的商业模式和服务模式。

AI 在智能网联汽车中的应用主要体现在数据处理和分析上。通过收集和分析车辆运行数据、用户行为数据等海量信息,AI 能够为用户提供更加个性化的服务体验。图 14-2 所示为智能网联汽车系统。

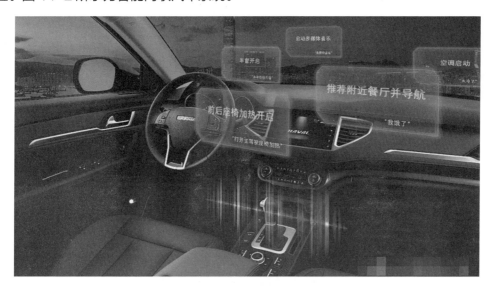

图 14-2 智能网联汽车系统

根据用户的驾驶习惯和出行需求,AI 能够智能推荐行驶路线,优化车辆性能参数等。同时,这些数据还可以为汽车制造商提供宝贵的市场洞察和产品开发依据,帮助他们更好地满足用户需求,提升产品竞争力。

14.2 AI 在汽车行业活动策划与执行中的作用

汽车行业活动策划与执行是指针对汽车产品、品牌或市场目标,精心设计的一系列吸引目标群体参与并达成营销或品牌传播目的的行动方案及其实施过程。其重要性在于有效促进产品认知、增强品牌忠诚度和拓展市场份额。

随着 AI 技术的融入，汽车行业活动策划与执行迎来了新的飞跃。AI 通过数据分析、智能推荐与预测，使活动更加精准高效，提升了用户体验。同时，AI 驱动的自动化执行减少了人力成本，加快了响应速度，为汽车行业带来了前所未有的竞争优势与市场机遇。

14.2.1 智能预约与签到

在汽车行业活动策划中，智能预约与签到系统的应用极大地简化了活动流程，提升了用户体验。通过 AI 技术，用户可以轻松地在线预约参加汽车试驾、展览等活动，并根据自身需求选择时间、地点等。

在这一过程中，AI 系统能够智能分析用户偏好和可用性，并提供最优的预约方案。活动当天，用户只需通过扫描二维码、人脸识别等智能签到方式即可快速完成入场手续，无须排队等候，大大节省了时间成本。图 14-3 所示为人脸识别智能签到方式。

图 14-3　人脸识别智能签到方式

智能预约与签到系统的优势在于其高效性、便捷性和个性化。AI 能够根据用户的历史行为和实时需求，智能推荐适合的活动和时间段，从而提高预约的成功率和用户的满意度。同时，智能签到也有效避免了传统签到方式中可能出现的冒名顶替、信息错误等问题，确保了活动的秩序和安全。

14.2.2 智能监控与反馈

AI 技术通过安装在活动现场的各类传感器和摄像头，能够实时收集并分析活动现场的数据信息，如人流量、参与度以及用户反馈等。这些数据为活动策划者提供了宝贵的参考依据，帮助他们及时调整活动策略并优化用户体验。

智能监控与反馈系统的优势在于其实时性和精准性。AI 能够迅速识别并处理大量数据，为活动策划者提供实时的监控报告和反馈建议。通过这些信息，活动策划者可以及时了解活动的进展情况，发现潜在的问题和不足，并采取相应的措施加以改进。另外，智能反馈系统还能够收集并分析用户的意见和建议，为后续的活动策划提供有益的参考和借鉴。

14.3 使用天工 AI 策划汽车行业活动方案

天工 AI 在汽车行业活动策划中发挥着至关重要的辅助作用，它凭借强大的数据分析能力、智能创意生成以及高效的项目管理能力，为活动策划带来了创新与效率提升。通过精准洞察市场趋势与用户偏好，天工 AI 能够迅速策划出既符合品牌调性又极具吸引力的活动方案。

同时，天工 AI 的智能化工具还能辅助设计活动流程、优化资源配置，并在执行过程中实时监控与调整策略，确保活动效果最大化。总之，天工 AI 为汽车行业活动策划插上了智能的翅膀，让每一次活动都更加精准、高效和成功。本节主要介绍如何使用天工 AI 策划汽车行业的活动方案。

14.3.1 AI 活动策划 1：汽车试驾活动

汽车试驾活动是指在购车前，用户通过试乘试驾的方式来了解车辆的性能、驾驶感受，以及车辆在不同路况下的表现。这种活动旨在帮助用户更直观地了解车辆，从而做出更明智的购车决策。

下面是一个使用天工 AI 策划的汽车试驾活动案例。

提示词

请根据"新能源汽车试驾"这一活动主题，制作一个汽车试驾活动的策划与执行方案，具体内容包括项目需求、策略思考、活动规划、传播规划、运营保障

天工AI

"新能源汽车试驾"活动策划与执行方案

一、项目需求
- 目标群体定位：科技爱好者、环保人士和潜在购车客户。
- 活动规模：预计吸引 500 名参与者，分 2 天进行，每天 250 人。
- 试驾车辆准备：提供 10 款最新新能源汽车供客户试驾，每款车型配备 2 名专业讲解员。

- 安全与服务：现场设置紧急医疗点，并提供专业试驾教练指导，以确保试驾过程的安全。

二、策略思考

- 品牌曝光：利用活动提升品牌知名度，强调新能源汽车的环保与科技优势。
- 客户互动：通过试驾体验，收集潜在客户的反馈，增进客户对品牌的信任感。
- 市场调研：了解目标客户对新能源汽车的接受程度，收集市场数据，为后续产品改进提供依据。

三、活动规划

1. 前期准备（活动前 2 个月）

确定活动日期与场地，完成车辆与人员的调配。

制作宣传材料，包括海报、邀请函、宣传视频。

2. 宣传推广（活动前 1 个月）

通过社交媒体、汽车论坛、合作媒体发布活动信息。

邀请行业 KOL 与汽车博主参与试驾，提前录制试驾体验视频。

3. 现场布置（活动前 1 周）

完成场地布置，设置试驾路线，准备安全设施。

布置品牌展示区与互动体验区，准备试驾预约系统。

4. 活动执行（活动当天）

试驾活动分时段进行，每时段前进行安全讲解。

设置问答互动环节，并提供小礼品以提高客户参与度。

活动结束时发放满意度调查问卷。

四、传播规划

- 社交媒体直播：……
- 媒体报道：……
- 后期总结：……

五、运营保障

- 技术支持：……
- 客户服务：……
- 安全措施：……
- 后勤支援：……

通过以上方案，我们旨在打造一场集体验、互动与宣传于一体的新能源汽车试驾活动，不仅提升品牌影响力，也为潜在客户提供一次难忘的试驾体验。

14.3.2　AI 活动策划 2：汽车展览活动

汽车展览活动是由政府机构、专业协会或主流媒体等组织，在专业展馆或会场中心进行的汽车产品展示展销会或汽车行业经贸交易会、博览会等。这类活动为汽车厂商提供了一个展示其最新产品、技术和设计理念的平台，同时也为用户提供了一个了解汽车市场、比较不同品牌和车型的机会。

下面是一个使用天工 AI 策划的汽车展览活动案例。

提示词

请根据"瑞士日内瓦车展"这一活动主题，制作一个汽车展览活动的策划与执行方案，具体内容包括车展定位、车展范围、招展计划、宣传推广计划、人员分工。

天工AI

"瑞士日内瓦车展"活动策划与执行方案

一、车展定位

- 主题："创新·绿色·未来"——探索汽车行业的可持续发展之路。
- 目标：展示全球最新汽车科技与绿色能源解决方案，促进汽车制造商、科技公司与用户的交流与合作。
- 特色：引入互动体验区，让参观者亲身体验未来汽车技术，如自动驾驶、清洁能源车辆等。

二、车展范围

- 展览面积：约 30 000 平方米。
- 参展商类型：主流汽车品牌、新能源汽车制造商、汽车科技公司、零部件供应商。
- 展区设置如下。
    - ◆ 主题展区：新能源汽车、智能驾驶。
    - ◆ 品牌展区：按品牌划分，展示各品牌最新车型。
    - ◆ 技术展区：汽车科技与创新技术。
    - ◆ 互动体验区：试驾体验、VR 体验。

三、招展计划

- 时间线：提前 6 个月开始，通过邮件、电话、社交媒体联系潜在参展商。
- 目标参展商：150 家，包括全球排名前 50 名的汽车品牌。
- 优惠策略：提前报名优惠、展位定制服务、品牌曝光机会。

四、宣传推广计划

- 媒体合作：……
- 社交媒体：……
- KOL/网红合作：……
- 广告投放：……

- 新闻发布会：……

五、人员分工
- 项目总监：……
- 招展团队：……
- 宣传团队：……
- 技术团队：……
- 客户服务：……
- 安全团队：……

通过以上方案，确保"瑞士日内瓦车展"成为一次成功展示汽车创新与未来趋势的盛会。

14.4 汽车行业的 AI 活动执行案例分析

汽车行业活动在推动品牌传播、促进产品销售、增强用户黏性等方面发挥着重要作用。这些活动类型多样，每一种都旨在通过不同的形式与用户建立联系，传递品牌价值，激发用户购买欲望。

随着 AI 技术的加入，汽车行业活动的作用与效果得到了显著提升。AI 不仅能够帮助活动策划者更精准地定位目标群体，制定个性化的活动方案，还能够在活动执行过程中实现智能化管理，提高活动的效率和用户体验。本节将通过具体案例对汽车行业的 AI 活动执行进行分析，并研究其中的技巧。

14.4.1 吉利："AI+视觉"打造熊猫卡丁新品

随着吉利熊猫卡丁新品的惊艳亮相，吉利汽车紧跟时代潮流，携手创意平台站酷，共同设立了 AI 营销实验室，以一场崭新的"AI+视觉"盛宴将这款融合了卡丁车元素与潮流设计的车型推向市场。此次活动不仅展现了吉利在科技创新上的不懈追求，也深刻诠释了 AI 技术如何赋能品牌营销，开启汽车营销新篇章。

吉利"AI+视觉"的创新应用包括以下 3 个方面。

1. 主 KV 设计：年轻态数码美学引领潮流

站酷共创 AI 营销实验室以年轻群体的审美为基准，运用 AI 技术生成符合熊猫卡丁产品特性的视觉素材，相关示例如图 14-4 所示。

主 KV 的设计巧妙融合了赛博朋克风、潮玩风等多种潮流元素，通过 AI 算法优化色彩搭配与构图布局，营造出强烈的未来感与时尚气息。熊猫形象被赋予了"潮酷宝藏合伙人"的新身份，成为连接产品与年轻用户之间的桥梁。

图 14-4　AI 技术生成的符合熊猫卡丁产品特性的视觉素材

2. 海报创作：AI 生成与 CG 合成的艺术碰撞

在展示产品调性的海报制作中，团队首先通过实拍捕捉熊猫卡丁的真实质感，随后利用 AI 技术生成多样化的背景与装饰元素。这些元素不仅增强了海报的视觉效果，还巧妙地传达了汽车的科技感与时尚感。最后，通过 CG（Computer Graphics，计算机图形学）的合成，将实拍素材与 AI 生成素材完美融合，形成一系列风格独特、细节丰富的海报作品。

3. 功能展示：新复古游戏中的探险旅程

为了更直观地展示熊猫卡丁的实用功能，团队创意性地将车辆置入了新复古风格的游戏场景中。通过 AI 技术构建的 2.5D 地图背景，为小车提供了一个充满奇幻色彩的探险舞台。在游戏中，小车穿梭于各种街道与场景之间，遇到各种奇妙人物与有趣故事。同时，每个功能点都被巧妙地融入游戏情节中，通过动态展示与互动体验，让用户仿佛置身于"游戏飞车开进现实"的奇妙世界中。

14.4.2　梅赛德斯·奔驰：用 AI 打造个性化车内体验活动

随着生成式 AI 技术的飞速发展，梅赛德斯·奔驰在汽车领域的前沿探索再次引领了行业发展趋势。通过整合先进的 AI 技术，奔驰不仅重新定义了人车互动的方式，还极大地提升了驾驶者的个性化体验。

梅赛德斯·奔驰的 AI 活动执行策略主要围绕两大核心展开：一是通过生成式 AI 技术提升驾驶者的人车互动体验；二是通过数据分析和个性化推荐系统实现车内娱乐与服务的深度定制。在 2024 年国际消费类电子产品展览会（International Consumer Electronics Show，CES）上，奔驰正式揭幕了其全新的 MBUX（Mercedes-Benz User Experience，梅赛德斯·奔驰用户体验）虚拟助理，如图 14-5 所示。

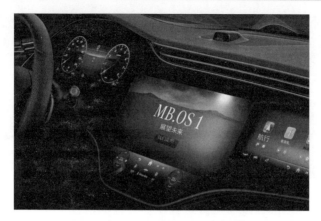

图 14-5 奔驰 MBUX 虚拟助理

这款虚拟助理运行于 MB.OS（Mercedes-Benz Operating System，梅赛德斯·奔驰操作系统）架构下，结合了生成式 AI 与主动式智能应用，具备自然、预测、共情和个人化 4 大特点。通过自然对话，MBUX 虚拟助理能够完成驾驶者的命令及与其沟通，使日常驾驶更加轻松惬意。

同时，奔驰与 Amazon Music、索尼影视娱乐等合作，提供了丰富的音乐、影视和有声书内容。通过 MBUX 虚拟助理的涉入，驾驶者可以轻松访问并享受个性化的娱乐内容。

本 章 小 结

本章详细介绍了 AI 在汽车行业活动策划与执行中的广泛应用及其优势。通过本章内容的学习，读者可以了解到 AI 不仅推动了自动驾驶和智能网联的进步，还通过智能预约、签到、监控以及反馈等功能，显著提升了活动管理的效率和个性化体验。通过具体案例，读者将深刻认识到 AI 如何为汽车行业活动带来创新与变革，提升用户体验和品牌影响力。

课 后 习 题

1. 简要说明 AI 在推动智能网联与数据的应用体现在哪几个方面，并谈谈具体是怎样应用的。

2. 使用天工 AI 策划一个汽车试驾活动。

第 15 章

互联网行业的 AI 活动策划与执行

AI 高效精准的数据分析能力不仅为活动策划与执行提供了科学依据，还极大地提升了品牌形象与市场认知。本章将详细阐述 AI 如何助力互联网行业活动的运营，并通过微软和网易严选的实战案例展现 AI 在互联网行业活动策划与执行中的非凡魅力及显著成效。

15.1　AI在互联网行业中的应用与优势分析

互联网行业作为信息技术与服务业深度融合的产物，涵盖了网络基础设施、信息服务和电子商务等多个领域。随着 AI 技术的深度融入，互联网行业迎来了多元化的机遇。

AI 强大的数据处理与学习能力为互联网行业带来了高效、精准的分析能力，显著提升了用户体验与市场响应速度。它不仅优化了资源配置，还推动了内容创新与服务升级，使互联网行业的活动策划与执行更加智能化和个性化。

15.1.1　高效、精准的数据分析

互联网行业的核心竞争力之一在于其庞大的数据资源。然而，如何有效挖掘并利用这些数据，将其转化为有价值的洞察，一直是行业面临的重大挑战。AI 技术的引入，为这一难题提供了强有力的解决方案。通过机器学习、深度学习等先进算法，AI 能够自动化处理和分析海量数据，发现数据背后的规律和趋势，为企业的决策制定提供科学依据。图 15-1 所示为 AI 可视化数据分析报告。

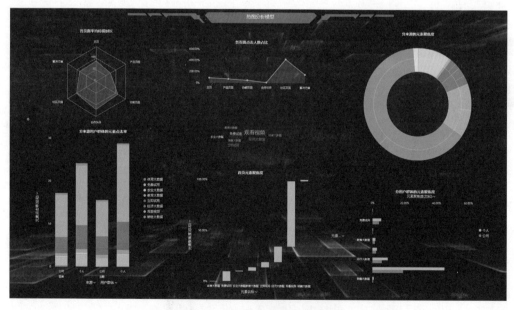

图 15-1　AI 可视化数据分析报告

AI 高效、精准的数据分析能力不仅缩短了决策周期，提高了决策质量，还使得

互联网企业能够更准确地把握市场需求，优化产品与服务，从而在激烈的市场竞争中占据有利地位。

15.1.2 提升品牌形象与市场认知

品牌形象与市场认知是企业在市场中立足的关键，而 AI 技术的应用，为互联网企业塑造和提升品牌形象开辟了新的途径。

一方面，AI 可以通过个性化推荐、智能客服等方式，提升用户体验，增强用户对品牌的好感和忠诚度。例如，2024 年中秋节，各大电商平台推出个性化十足的营销海报来宣传月饼。通过独具特色的方式和 AI 技术的支持，这些海报能够精准推送给感兴趣的客户，有效提升了满意度和转化率。图 15-2 所示为中秋节月饼营销海报示例。

图 15-2　中秋节月饼营销海报示例

另一方面，AI 还能够助力企业开展创意营销活动，如利用 AI 生成艺术图像、创作个性化视频等，以新颖独特的方式吸引用户关注，提升品牌曝光度和市场认知。这些基于 AI 技术的营销活动不仅能够增强品牌的记忆点，还能够塑造品牌的科技感和未来感，进一步巩固和提升品牌形象。

15.2 AI 在互联网行业活动策划与执行中的作用

互联网行业活动策划与执行是指在互联网环境下，针对特定目标受众，通过创意构思、资源整合和现场组织等手段，策划并执行各类线上或线上线下相结合的活动，以达到品牌传播、产品推广、用户增长以及增强用户互动等目的的过程。

AI 的加入，可以提升策划效率与准确性，优化活动流程与执行，增强用户体验与互动，以及精准评估与反馈等。这些优势将有助于企业更好地应对市场挑战，提升品牌影响力和市场竞争力。

15.2.1 内容创新

在互联网时代，内容很重要。如何创作出新颖、有趣和引人入胜的活动内容，是活动策划成功的关键。AI 的加入为内容创新提供了无限可能，相关作用如下。

1. 创意灵感激发

AI 不仅能够处理和分析现有数据，还能通过机器学习算法从海量信息中挖掘出潜在的创意点。通过模拟人类思维过程，AI 能够产生新颖的活动创意和概念，为活动策划人员提供灵感和启发，拓宽创意思路。

2. 实时内容优化

在活动执行过程中，AI 能够实时监测用户反馈和互动数据，并对活动内容进行实时优化。通过分析用户的行为模式和情感倾向，AI 可以及时调整活动策略，优化内容呈现方式，确保活动效果最大化。

15.2.2 自动化任务处理

在活动策划与执行过程中，存在大量烦琐、重复性的任务。AI 的自动化处理能力能够显著提升这些任务的处理效率，减轻人力负担，相关作用如下。

1. 自动化流程管理

AI 可以构建自动化流程管理系统，对活动策划与执行的全过程进行智能化管理。从活动计划的制订、资源的调配、进度的跟踪到效果的评估，AI 都能实现自动化处理，确保活动按计划顺利进行。

2. 自动化任务执行

在活动执行阶段，AI 能够承担大量自动化任务。例如，通过智能机器人完成活动的在线注册、签到和抽奖等环节；利用自然语言处理技术实现与用户的实时互动和问答；利用图像识别技术对活动现场进行实时监控和异常检测等。图 15-3 所示为 AI 智能监控画面。这些自动化任务的执行，不仅提高了活动效率，还降低了人为错误的风险。

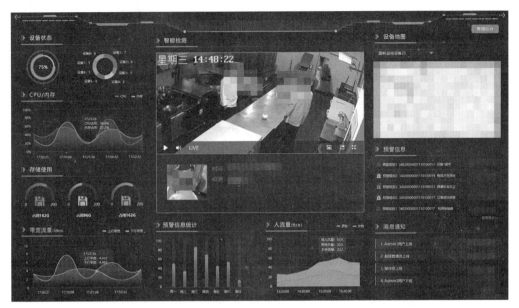

图 15-3　AI 智能监控画面

3. 数据自动化分析

活动结束后，AI 能够自动收集和分析活动数据，包括用户参与度、转化率和满意度等关键指标。通过数据可视化技术，AI 将分析结果以直观、易懂的方式呈现出来，为活动策划人员提供决策支持。同时，AI 还能根据历史数据预测未来的活动趋势，为未来的活动策划提供参考。

15.3　使用通义策划互联网行业活动方案

作为阿里巴巴集团前沿的 AI 语言模型，通义以卓越的自然语言处理能力和深厚的行业理解，引领智能创新潮流。

在互联网行业活动策划中，通义成为得力助手，能够精准洞察市场趋势，激发创意灵感，并优化活动方案。通义不仅能够提升策划效率与质量，还能助力活动执行与效果评估，为互联网行业的活动策划带来前所未有的智能化体验与卓越成果。本节主要介绍使用通义策划互联网行业活动的相关技巧。

15.3.1 AI活动策划1：网络推广

网络推广活动是指通过互联网手段进行的宣传推广等活动。这种活动旨在通过互联网平台，利用互联网技术和工具，向目标受众传播商品、服务或品牌信息，以达到提升品牌知名度、增加网站流量和促进销售等目的。

下面是一个使用通义策划的网络推广活动案例。

提示词

请根据"电子书内容营销"这一活动主题，制作一个网络推广活动的策划与执行方案，具体内容包括行业分析、营销策划、销售形式、推广发布、监测评估

通义

"电子书内容营销"活动策划与执行方案

一、行业分析

- 市场现状：分析目前电子书市场的规模、增长率以及主要竞争对手的情况。
- 用户画像：确定目标受众群体（如年龄、性别和兴趣爱好等），了解他们的阅读习惯及偏好。
- 趋势洞察：研究行业发展趋势，例如移动阅读的增长、特定类型图书的流行度等。

二、营销策划

- 目标设定：明确活动的主要目标，例如增加品牌曝光度、提高下载量或增加销售额等。
- 内容选择：根据目标受众的兴趣来选择合适的电子书类型，确保内容具有吸引力且符合品牌形象。
- 创意策略：设计吸引人的封面，撰写引人入胜的简介，考虑使用连载、限时免费和优惠券等方式刺激读者兴趣。
- 合作考虑：考虑与其他品牌或作者进行联合推广，共享资源，以扩大影响力。

三、销售形式

- 平台选择：决定在哪些平台上销售电子书，如亚马逊、微信读书、淘宝以及当当网等。
- 定价策略：根据成本、市场需求和竞争情况制定合理的价格。
- 促销活动：计划打折促销、买赠活动，以吸引更多购买者。

四、推广发布

- 社交媒体：……

- 电子邮件：……
- 合作伙伴：……
- 广告投放：……

五、监测评估
- 数据分析：……
- 客户反馈：……
- 调整优化：……

一个成功的电子书内容营销活动策划案不仅能够带来短期的销售增长，还能为企业的长期发展奠定坚实的基础。

15.3.2　AI 活动策划 2：互联网创新大赛

互联网创新大赛是一场旨在推动互联网领域创新发展和技术进步的赛事，通常由相关行业协会或机构主办，面向全球各地的政府部门、国际组织、社会团体、科研机构、高校和企业等参赛单位。这类大赛聚焦科技前沿趋势和产业发展热点，为参赛者提供了一个展示创新成果、交流创新思想的平台。

下面是一个使用通义策划的互联网创新大赛活动案例。

提示词

请根据"互联网+大学生创新创业大赛"这一活动主题，制作一个互联网创新大赛活动的策划与执行方案，具体内容包括赛事介绍、组委设置、赛道分类、奖项设置、比赛流程

通义

"互联网+大学生创新创业大赛"活动策划与执行方案

一、赛事介绍
- 背景意义：介绍大赛举办的背景及重要性，强调鼓励和支持青年学生参与互联网创新的重要性。
- 目标愿景：阐述大赛旨在培养学生的创新意识、实践能力和团队协作精神，同时发现和孵化有潜力的创业项目。
- 参赛对象：明确参赛资格，如仅限在校大学生或研究生，可以是个人，也可以是团队参赛。
- 时间安排：公布大赛的时间表，包括报名截止日期，以及初赛、复赛和决赛的具体时间。

二、组委设置

- 组织架构：设立大赛组委会，负责整体策划与协调工作；设立评审委员会，负责项目的评审工作；设立秘书处，处理日常事务。
- 职责分工：明确各组委成员的职责，如宣传推广、技术支持、财务管理等。
- 合作单位：邀请高校、企业和政府机构作为支持单位，共同参与大赛的筹备与举办。

三、赛道分类

- 技术创新：面向技术开发类项目，如软件应用、硬件设备等。
- 商业模式创新：侧重于服务模式或产品模式上的创新，如新型电商平台、共享经济项目等。
- 社会公益：鼓励解决社会问题的项目，如环保科技、教育公平等方向。
- 文化艺术：鼓励艺术与文化领域的创新，如数字化艺术创作、文化遗产等。

四、奖项设置

- 主奖项：设立金、银和铜奖，分别给予高额奖金、证书及奖杯。
- 单项奖：根据实际情况设置最佳创意奖、最具潜力奖、最佳团队表现奖等。
- 优秀指导教师奖：表彰在指导学生参赛过程中做出突出贡献的教师。
- 赞助商特别奖：由赞助企业提供的一些额外奖励或机会，如实习名额、创业资金支持等。

五、比赛流程

- 报名阶段：……
- 初审阶段：……
- 辅导培训：……
- 复赛阶段：……
- 决赛阶段：……
- 后续支持：……

"互联网+大学生创新创业大赛"不仅对学生个人的成长和发展有着积极的意义，同时还对促进社会创新、推动科技进步具有重要的作用。

15.4 互联网行业的 AI 活动执行案例分析

AI 技术的加入为互联网行业活动带来了众多优势。在活动执行过程中，AI 可以自动化处理烦琐任务，提高工作效率，同时实现个性化推荐与精准营销，从而提升用户体验。此外，AI 还能通过智能分析活动数据，为活动效果评估与优化提供科学依据，助力企业持续优化活动策略，实现更好的市场效果。本节将通过具体案例对互联网行业的 AI 活动执行进行分析，并研究其中的技巧。

15.4.1 微软：用 AI 分享新年节日记忆活动

微软携手国际知名广告创意机构精心策划了一场别开生面的新年活动——Make Your Holiday a Masterpiece（将你的假期打造成一件杰出作品），旨在利用 AI 技术将全球用户的节日记忆转化为独一无二的数字艺术珍品，让每个人都能成为自己节日故事的艺术家。图 15-4 所示为微软活动中相关作品示例。下面从 3 个方面来说明微软的 AI 活动执行策略。

图 15-4　微软活动中相关作品示例

1. 技术创新与人文关怀并重

微软利用 Microsoft Designer（微软推出的图像处理软件）的 AI 技术，将冰冷的数字代码转化为充满温情的艺术作品，实现了技术与情感的完美融合。这种策略不仅展示了微软在 AI 领域的创新能力，也体现了品牌对人文关怀的重视。

2. 用户参与，共创价值

微软将用户置于活动的核心位置，通过邀请用户分享故事、参与创作，实现了品牌与用户的深度互动。这种共创价值的模式不仅增强了用户的归属感和忠诚度，也为品牌积累了宝贵的用户数据和内容资源。

3. 多渠道传播，扩大影响力

微软充分利用社交媒体、官方网站以及合作伙伴等多渠道资源，对活动进行了全方位的宣传和推广。这种多渠道的传播策略不仅提高了活动的曝光率，还吸引了更多潜在用户的关注和参与。

15.4.2　网易严选：用 AI 创作主题曲《如期》

在庆祝成立七周年时，网易严选携手网易云音乐，开创性地利用人工智能技术，共同孕育了品牌活动主题曲《如期》，相关活动海报与歌词如图 15-5 所示。这一举措不仅展现了网易严选在科技融合艺术方面的前瞻视野，也深刻体现了其以用户为核心的品牌理念。

图 15-5　网易严选品牌主题曲《如期》的活动海报与歌词

具体来说，《如期》在执行策略方面有以下 3 个亮点。

（1）用户情感共鸣的精准捕捉。《如期》的创作灵感源自海量用户的真实反馈与评论，通过 AI 的深度学习与情感分析能力，这些碎片化的信息被巧妙地编织成富有情感的歌词。这种策略有效建立了品牌与用户之间的情感链接，让用户感受到品牌对他们生活变化的关注与理解。

（2）全链条 AI 创作的突破。从作词、作曲、编曲到演唱，每一个环节均由 AI 独立完成，这不仅是技术上的巨大挑战，更是对 AI 创意能力的一次全面展示。这种全链条的 AI 创作模式不仅降低了创作成本，还赋予了作品独特的科技韵味，增强了品牌形象的现代感与未来感。

（3）创意 MV 的融合叙事。在 MV 中，AI 与人类对话的创意设定，既是对 AI 技术应用的直观展示，也是品牌历史与未来的对话。通过 AI 视角回顾网易严选 7 年来的成长历程，让观众在感受品牌温度的同时，也对 AI 技术产生了更深的兴趣与期待。

本 章 小 结

本章介绍了 AI 在互联网行业活动策划与执行中的广泛应用及优势。通过本章内容的学习，读者可以了解到 AI 不仅能通过高效、精准的数据分析提升活动效果，还能助力品牌形象与市场认知的提升。AI 在活动策划中促进了内容创新，并实现了任务的自动化处理。通过具体案例，如微软的新年节日记忆活动和网易严选的 AI 创作主题曲活动，读者将能够理解 AI 在活动策划与执行中的实际运用及成效，为未来的互联网活动创新提供宝贵思路。

课 后 习 题

1. 简要说明 AI 在互联网行业的内容创新包括哪几个方面。
2. 使用通义策划一个网络推广活动。

第 16 章

影视行业的 AI 活动策划与执行

　　AI 不仅重塑了影视创作的边界,还极大地丰富了影视行业活动策划与执行的维度。本章将首先分析 AI 技术为影视行业带来的独特优势;随后揭示 AI 在活动策划与执行中的核心作用,包括创意激发、智能拍摄等环节;最后通过具体案例,展示 AI 如何助力影视行业活动从构想到实施的全程智能化升级。

16.1 AI 在影视行业中的应用与优势分析

影视行业是涵盖电影、电视剧、纪录片、动画及短视频等多种视听内容制作、发行与放映的综合性产业。它不仅是文化艺术的重要表现形式，也是现代传媒娱乐的核心组成部分，对人们的文化生活产生了深远影响。本节将对 AI 技术应用于影视行业的优势进行分析，并揭示 AI 如何增强影视行业的创造性和艺术技巧性。

16.1.1 拓展创作方式与创作空间

传统影视创作往往依赖编剧的灵感、导演的构思以及演员的表演，而 AI 技术的加入为这一过程注入了新的活力。AI 能够辅助编剧进行故事构思和情节设计，通过分析大量剧本数据，AI 能够识别出观众偏好的故事模式、角色设定等元素，为编剧提供灵感参考，甚至直接生成初步的故事框架。这种能力极大地拓展了创作的边界，使得影视作品能够触及更多元、更复杂的主题和情节。

此外，AI 在视觉创作方面也展现出巨大潜力。通过深度学习技术，AI 能够模拟出逼真的自然场景、复杂的光影效果以及独特的特效效果，为影视作品的画面呈现提供了无限可能。图 16-1 所示为 AI 制作的爆炸特效。

图 16-1　AI 制作的爆炸特效

AI 技术不仅减轻了特效团队的工作负担，还使创作者能够突破现实限制，创造出具有冲击力的视觉奇观，极大地拓展了影视创作的空间。

16.1.2 促进艺术性与技术性的平衡

在影视制作中，艺术性与技术性的平衡一直是创作者关注的焦点。传统上，这两者往往存在一定的张力，技术的过度使用可能会削弱作品的艺术感染力，而过分追求艺术性又可能忽视技术的支撑作用。然而，AI 技术的应用为这一难题提供了新的解决方案。

AI 能够深入理解并分析影视作品的艺术元素，如色彩、构图和节奏等，从而帮助创作者在保持艺术性的同时，更好地运用技术手段来增强作品的表现力。

例如，在后期制作阶段，AI 可以自动调整画面色彩、对比度等参数，以达到最佳的视觉效果。图 16-2 所示为剪映的智能剪辑功能。该功能还能根据剧情需要，智能地添加字幕、音效、配乐等元素，使作品更加生动感人。这种智能化的处理方式使艺术性与技术性在影视作品中得到了更加和谐的统一。

图 16-2　剪映的智能剪辑功能

16.2　AI 在影视行业活动策划与执行中的作用

影视行业活动策划与执行是指针对影视作品从宣传、展映、电影节、颁奖典礼等活动的创意规划、组织筹备到现场实施的全过程。其重要性在于有效提升作品知名度，增强观众互动与期待，促进票房及版权销售。

AI 的加入带来了创意生成与评估、智能拍摄与创作等优势，能够更好地优化活动方案和提升用户体验，同时减少人力成本，加速决策过程，为影视行业活动策划与执行带来智能化变革与效率提升。

16.2.1 创意生成与评估

在影视行业活动策划的初期阶段，创意的生成与评估是至关重要的一环。AI 技术通过深度学习和大数据分析，能够从海量信息中挖掘出观众的兴趣偏好、市场趋势以及行业热点，为活动策划提供丰富的灵感来源。AI 不仅能够根据历史数据和当前趋势生成初步的创意方案，还能对多个方案进行评估和比较，帮助策划团队快速筛选出最具潜力和吸引力的活动创意。

另外，AI 还能通过情感分析等技术手段对潜在受众的情感倾向进行预测和评估，从而进一步优化活动创意，确保其与目标受众的情感需求相契合。这种基于数据驱动的创意生成与评估方式不仅提高了活动策划的效率和准确性，还大大增强了活动的吸引力和市场竞争力。

16.2.2 智能拍摄与创作

在活动执行阶段，AI 技术同样发挥着重要作用，特别是在影视拍摄与创作过程中，AI 以其智能化、自动化的特点，极大地提升了拍摄效率和创作质量。图 16-3 所示为 AI 生成的影视片段。

图 16-3　AI 生成的影视片段

首先，AI 技术能够辅助摄影师进行智能拍摄。通过机器视觉和图像识别技术，AI 能够实时分析拍摄场景中的光线、色彩以及构图等要素，为摄影师提供精准的拍摄建议和参数调整建议。同时，AI 还能实现自动跟焦、自动曝光等功能，减轻摄影师的工作负担，确保拍摄画面的稳定性和高质量。

在后期制作阶段，AI 技术更是大显身手。通过智能剪辑、色彩校正和特效合成等手段，AI 能够快速完成大量烦琐的后期制作工作，从而提高制作效率。同时，AI 还能根据影片风格和情感需求，自动调整音效、配乐等元素，使影片更加生动感人。另外，AI 还能通过人脸识别、语音识别等技术手段，实现影片中的自动化字幕生成和配音替换等功能，进一步提升影片的观赏体验。

16.3 使用通义策划影视行业活动方案

通义在影视行业活动方案方面扮演着重要角色，能够快速生成类似于颁奖典礼和影视作品展映的方案，提升创作效率，并对影视文化的传播起到了促进作用。本节主要介绍使用通义策划影视行业活动方案的相关技巧。

16.3.1 AI 活动策划 1：颁奖典礼

颁奖典礼是一种非常正式的、隆重的仪式，旨在表彰在某个领域或行业取得杰出成就的个人或团体。这种仪式不仅向受表彰者表示敬意，还通过传递正能量和弘扬社会正气激励更多人追求卓越，从而推动社会进步和发展。

下面是一个使用通义策划的颁奖典礼活动案例。

> **提示词**
>
> 请根据"百花奖颁奖典礼"这一活动主题，制作一个颁奖典礼活动的策划与执行方案，具体内容包括活动背景、活动主题、活动安排、合作形式和注意事项

> **通义**
>
> "百花奖颁奖典礼"活动策划与执行方案
>
> 一、活动背景
> - 历史沿革：简要介绍百花奖的历史和意义，强调该奖项在影视界的地位及其对电影文化的推动作用。
> - 市场环境：分析当前影视行业的现状，包括观众口味的变化、新媒体的发展对传统影视行业的影响等。
> - 目标群体：明确活动的目标观众，如影迷、媒体和业内人士等。
>
> 二、活动主题
> - 核心理念：确定颁奖典礼的核心理念，比如"致敬经典·传承未来"，旨在强调对经典作品的敬意以及对未来电影发展的期待。
> - 视觉设计：围绕主题设计统一的视觉风格，包括 Logo、海报和邀请函等物料。

三、活动安排

1. 前期准备
   - 宣传预热：通过各种渠道（如社交媒体、电视和网络等）提前宣传造势。
   - 嘉宾邀请：邀请著名导演、演员和制片人等作为颁奖嘉宾或表演嘉宾。
   - 场地布置：选择合适的场地，并根据主题进行精心布置，以确保出色的视听效果。
   - 技术保障：确保直播设备、音响灯光等技术设施完备，避免现场出现技术设备的故障。

2. 典礼流程
   - 开场演出：提供精彩的开场节目，如歌舞表演或回顾短片。
   - 颁奖环节：按照奖项类别顺序进行，每个奖项由不同的嘉宾颁发。
   - 获奖感言：给获奖者足够的时间发表获奖感言。
   - 特别环节：可以设置致敬环节、特别表演等，以增添典礼的看点。
   - 闭幕致辞：由主办方代表或重要嘉宾进行闭幕致辞，总结活动的意义。

3. 后期传播
   - 媒体报道：邀请主流媒体进行报道，以扩大活动的影响力。
   - 社交媒体：通过官方账号发布精彩瞬间，并与粉丝互动。

四、合作形式

- 赞助商合作：……
- 媒体合作：……
- 跨界合作：……
- 粉丝互动：……

五、注意事项

- 安全保障：……
- 版权问题：……
- 应急准备：……

通过这份详细的策划与执行方案，可以确保"百花奖颁奖典礼"顺利进行，并实现预期的宣传效果和提高社会影响力。

16.3.2　AI活动策划2：影视作品展映

影视作品展映是指通过特定的平台或场合，将影视作品（包括电影、电视剧和纪录片等）进行放映展示的活动。这种活动不仅为观众提供了欣赏优秀影视作品的机会，也是影视创作者与观众交流互动的重要平台。

下面是一个使用通义策划的影视作品展映活动案例。

提示词

请根据"纪录片展映"这一活动主题,制作一个影视作品展映活动的策划与执行方案,具体内容包括背景说明、方案概述、实施措施、评估与调整

通义

"纪录片展映"活动策划与执行方案

一、背景说明
- 活动目的:介绍举办纪录片展映的目的,如推广纪录片文化、支持独立制片人、增进文化交流等。
- 目标受众:明确活动的目标观众,比如纪录片爱好者、专业从业人员、学术研究人员等。
- 时间地点:选择合适的时间段和地点进行展映,并考虑到目标受众的工作和生活习惯。

二、方案概述
- 主题选定:根据当前社会热点或文化需求选定一个或多个主题,如环境保护、历史文化、社会现象等。
- 影片征集:向国内外征集符合主题的纪录片,并通过专业评委进行筛选。
- 展映形式:决定展映的具体形式,如线下影院放映、线上平台同步播放、社区流动放映等。
- 配套活动:规划相关的论坛、讲座、研讨会等活动,以丰富展映内容。

三、实施措施

1. 前期准备
- 影片筛选:组建专业的评委会,对征集到的影片进行严格评审。
- 场地预订:根据展映规模预订合适的场地,并做好场地布置。
- 宣传推广:利用多种渠道进行宣传,包括社交媒体、新闻媒体以及户外广告等方式。
- 票务管理:如果需要售票,则要提前准备好票务系统,并开通线上购票渠道。

2. 展映期间
- 开幕式:……
- 放映安排:……
- 交流互动:……
- 安全保障:……

3. 后续活动
- 闭幕式:……
- 媒体采访:……

- 观众调研：……

四、评估与调整
- 数据收集：……
- 效果评估：……
- 经验总结：……
- 持续改进：……

通过以上策划方案，不仅有助于文化传播与普及、提升公众兴趣与认知，还能够促进创作者与观众之间的交流、推动纪录片产业发展、增强社会影响力与责任感，以及促进文化交流与融合。

16.4 影视行业的 AI 活动执行案例分析

影视行业在文化娱乐产业中占据核心地位，是文化传承与创新的重要载体，也是传播营销的一种手段。AI 技术的加入对影视行业的活动执行起到了很好的帮助作用。

AI 可以助力动画模型的构建，推动商业化路径探索，也可以重塑创作边界，激发创意火花，成为对传统影视行业的一种革新手段。本节将通过具体案例对影视行业的 AI 活动执行进行分析，并研究其中的技巧。

16.4.1 上海电影集团：启动"iPAi 星球计划"

在当今数字化转型的浪潮中，上海电影集团凭借前瞻性的视野和创新的勇气，正式发布了新战略，核心聚焦"iPAi（IP+AI）星球计划"活动。

自 2024 年起，上海电影集团计划加速 AI 在内容创作领域的渗透。通过 AI 辅助编剧、角色设计、场景构建等环节，提升创作效率与质量，确保每年推出至少 2 部基于经典或原创 IP（Intellectual Property，知识产权）的焕新作品。图 16-4 所示为 2024 年元旦期间上海电影集团在 B 站上线的动画短片集《中国奇谭》的宣发海报。这不仅是对传统创作模式的革新，更是对观众审美需求的精准把握。下面从 3 个角度说明上海电影集团"iPAi 星球计划"活动的执行策略。

（1）动画学派大模型体系建设。鉴于动画

图 16-4　2024 年元旦期间上海电影集团在 B 站上线的动画短片集《中国奇谭》的宣发海报

产业的蓬勃发展，上海电影集团将投入资源训练中国动画学派专属的大模型体系。这一举措旨在融合中国传统美学与现代 AI 技术，打造具有鲜明中国特色的动画作品，提升国产动画的国际竞争力和影响力。

（2）"全球创造者计划"。为了吸引全球范围内的顶尖技术人才和创意精英，上海电影集团将发起"全球创造者计划"。该计划聚焦短剧和影视垂直领域的 AI 应用开发，通过设立专项基金、提供技术支持与合作机会等方式，构建一个开放、包容和协作的创新生态，共同推动影视与 AI 技术的深度融合。

（3）IP 商业化路径拓宽。在 IP 商业开发方面，上海电影集团将充分利用 AI 技术进行市场分析、用户画像构建及精准营销，以实现 IP 价值的最大化。未来 3 年内，上海电影集团力争实现 IP 合作商品 GMV（Gross Merchandise Volume，商品交易总额）超过百亿元的目标。这不仅是对自身实力的自信，更是对市场需求潜力的深刻洞察。

16.4.2　博纳影业：AIGC 连续性叙事科幻短剧集

在影视创作与人工智能技术的深度融合趋势下，博纳影业勇立潮头，携手抖音与即梦 AI，共同推出了国内首部纯 AIGC 连续性叙事科幻短剧集《三星堆：未来启示录》，图 16-5 所示为该科幻短剧的内容示例。

图 16-5　《三星堆：未来启示录》科幻短剧的内容示例

自 2024 年 7 月 8 日首播以来，这部集高科技、深度叙事与视觉震撼于一体的 12 集短剧集，迅速在抖音等各大平台掀起观剧热潮，赢得了全国电影观众及网友的广泛赞誉。下面对博纳影业的影视活动案例策略进行分析。

1. 技术革新，重塑创作边界

博纳影业此次大胆采用 AIGC 技术，实现了从创意构思到成品输出的全流程自动化制作。这一创新举措不仅打破了传统影视制作的局限，而且展示了 AI 在内容创作领域的无限可能。通过即梦 AI 的强大技术支持，剧集在视觉效果、角色塑造和场景构建等方面均达到了前所未有的高度，为观众带来了沉浸式的观剧体验。

2. 文化融合，激发创意火花

《三星堆：未来启示录》巧妙地将神秘的三星堆文化与未来科幻元素相结合，构建了一个既古老又前卫的故事世界。这种跨时代的文化融合，不仅丰富了剧集的内涵与深度，而且激发了观众的无限遐想与共鸣。博纳影业通过这一策略，成功地将传统文化与现代科技相融合，展现了中华文化的独特魅力与无限活力。

3. 平台联动，拓宽传播渠道

在活动推广策略上，博纳影业充分利用了抖音等短视频平台的流量优势，通过精准投放、话题营销和 KOL 合作等多种方式，实现了剧集的快速传播与广泛覆盖。同时，博纳影业还积极与各大影视平台、社交媒体建立合作关系，形成了多平台联动的宣传矩阵，有效提升了活动的曝光度与影响力。

本 章 小 结

本章揭示了 AI 在影视行业中拓展创作方式与创作空间、增强艺术性与技术性平衡的显著优势。通过智能生成创意、评估方案以及辅助拍摄创作，AI 正逐步成为影视行业的得力助手。此外，本章还详细介绍了利用 AI 技术策划与执行具体活动方案，如颁奖典礼与影视作品展映，并通过上海电影集团与博纳影业的案例，展示了 AI 在影视活动执行中的实际成效与创新探索。通过本章内容的学习，读者能更好地体会到 AI 技术与影视艺术深度融合的创作高效及灵活化，了解活动策划相关方面的知识。

课 后 习 题

1. 简要谈谈 AI 在智能拍摄和创作方面对活动策划与执行的作用。
2. 使用通义策划一个颁奖典礼活动。

第 17 章

教培行业的 AI 活动策划与执行

AI 技术在教育领域的应用正逐步深化,这不仅极大地提升了教育管理效率,还促进了课程内容与教学方法的创新。本章首先分析了 AI 技术如何赋能教培行业,从管理自动化到课程开发的全面助力;随后,详细阐述了 AI 在活动策划与执行中的关键作用;接着,通过智谱清言进行策划案教学;最后,通过实际案例分析,展示了清华大学与北京大学等顶尖学府如何利用 AI 技术优化教学活动,为教培行业的未来发展提供宝贵借鉴。

17.1　AI在教培行业中的应用与优势分析

教培行业是指提供教育培训服务的行业，涵盖各类学历、技能及兴趣培养。AI技术在此行业的应用至关重要，它不仅通过个性化教学提升学习效率，还利用大数据分析技术优化资源配置，促进教育公平。AI助教和智能系统减轻了教师负担，创新了教学模式，使教育更加高效、灵活。同时，AI增强了教学管理的精准性，帮助教育机构快速响应市场变化，推动整个行业的创新发展。

17.1.1　教育管理自动化

教育管理是教培行业的重要基石，而AI技术的融入极大地推动了管理流程的自动化。传统教育管理往往需要投入大量人力、物力来处理烦琐的学生信息、课程安排和教师考核等事务。

而如今，AI系统能够自动化完成这些任务，如智能排课系统能根据教师可用时间、教室资源及学生需求，自动生成最优课程表。图17-1所示为基于知识图谱技术打造的AI自适应学习系统，该系统能够根据学生的学习进度和能力，智能推荐适合的学习内容和练习，使每个学生都能按照自己的节奏进行个性化学习。

图17-1　AI自适应学习系统

17.1.2　辅助课程与教案开发

课程与教案是教学质量的核心，AI技术在这一领域的应用同样展现出了巨大潜力。首先，通过分析学生的学习数据，AI能够识别出学生的兴趣点、难点和易错点，从而为教师提供定制化的教学建议。这些建议可以帮助教师更加精准地设计课程内容，提高教学的针对性和有效性。

其次，AI 还能辅助教师开发教案，通过自然语言处理等技术自动生成符合教学要求的教案模板，为教师节省大量备课时间。另外，AI 还能根据学生的学习进度和反馈动态调整课程内容，实现教学的实时优化。这些优势使得 AI 在辅助课程与教案开发方面发挥了不可替代的作用，为教培行业注入了新的活力。

17.2　AI 在教培行业活动策划与执行中的作用

教培行业的活动策划与执行是指为提升教学效果、增强学生参与度及品牌影响力而精心策划并实施的一系列活动。这些活动对于吸引潜在学员、提升教学质量、加强师生互动及行业交流具有重要意义。通过数据分析与预测，AI 能够精准定位目标受众，实现个性化活动推荐。同时，它还能自动化处理活动流程，提升执行效率与质量。

更重要的是，AI 的跨平台整合能力使活动信息能够无缝传播至多个渠道，扩大活动影响力。因此，AI 在教培行业活动策划与执行中发挥着不可估量的优势作用，推动了行业的创新发展。

17.2.1　课程与资源推荐系统

在教育培训领域，面对丰富的课程与资源，学生往往难以快速找到最适合自己的学习内容，此时 AI 驱动的课程与资源推荐系统便显得尤为重要。该系统通过分析学生的学习历史、兴趣偏好和能力水平等多维度数据，运用复杂的算法模型，为每位学生提供个性化的学习路径推荐。图 17-2 所示为读书郎 AI 对学生个性化学习路径的推荐。

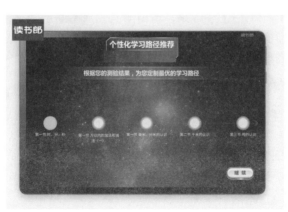

图 17-2　读书郎 AI 对学生个性化学习路径的推荐

AI 推荐系统不仅能够帮助学生节省筛选课程的时间，还能确保他们接触到的都是最适合自己当前学习状态的内容，从而提升学习效率与满意度。

另外，AI 推荐系统还能根据市场动态和教育趋势自动更新推荐列表，确保学生始终能够接触到最前沿、最实用的学习资源。这种动态调整的能力使教培机构能够保持课程内容的时效性和竞争力，吸引更多学生参与其中。

17.2.2 跨平台活动整合策略

在数字化时代，教培行业不再局限于单一的线下课堂或线上平台，而是呈现出线上线下融合、多平台共存的发展态势。为了更有效地触达学生群体，提升品牌影响力，教培机构需要制定跨平台活动整合策略。而 AI 技术的应用为这一策略的实施提供了有力支持。

AI 能够帮助教培机构实现活动信息的智能分发与精准投放。通过分析学生的社交媒体行为、浏览记录等数据，AI 可以精准定位目标受众，并在最合适的时机通过最合适的渠道推送活动信息。

同时，AI 还能对跨平台活动的效果进行实时监测与评估。通过收集并分析学生在不同平台上的活动数据，AI 能够快速识别出哪些平台、哪些类型的活动更受学生欢迎，从而为后续活动的策划与执行提供数据支持。这种基于数据的决策方式使教培机构能够不断优化活动策略，提升整体运营效果。

17.3 使用智普清言策划教培行业活动方案

智谱清言是北京智谱华章科技有限公司推出的生成式 AI 助手，旨在为用户提供工作、学习和日常生活中的智能化服务。

自 2023 年 8 月 31 日上线以来，智谱清言已具备通用问答、多轮对话、创意写作、代码生成以及虚拟对话等丰富能力，并持续更新迭代。例如，最新推出的视频通话功能和 AI 视频模型清影进一步提升了用户体验与交互性。本节主要介绍使用智谱清言策划教培行业活动的相关技巧。

17.3.1 AI 活动策划 1：校庆活动

校庆活动是学校为了纪念其成立或重要发展节点而举办的一系列庆祝活动。这些活动通常在学校的建校周年纪念日或有重大意义的事件发生日举行，是学校教育管理中的一项重要内容。

下面是一个使用智谱清言策划的校庆活动案例。

提示词

请根据"校园文化纪念"这一活动主题,制作一个校庆活动的策划与执行方案,具体内容包括活动宗旨、活动时间、活动内容、活动要求。

智谱清言

"校园文化纪念"活动策划与执行方案

一、活动宗旨

本次校庆活动以"传承校园文化,展现青春风采"为宗旨,通过举办丰富多样的文化活动,庆祝学校成立周年纪念日,激发广大师生的爱校情怀,展现本校学生的综合素质和艺术才能,进一步推动校园文化建设,提高学校的社会影响力。

二、活动时间

2024年10月1日至10月7日。

三、活动内容

1. 开幕式
- 时间:10月1日上午9:00。
- 地点:学校操场。
- 内容:校领导致辞,宣布校庆活动正式开始;举行升旗仪式;优秀师生代表发言;文艺表演。

2. 校园文化展览
- 时间:10月1日至10月7日。
- 地点:学校图书馆、展览馆。
- 内容:展示学校发展历程、教育教学成果以及师生作品等,让师生了解学校的历史与文化底蕴。

3. 文艺会演

……

4. 主题讲座

……

5. 体育赛事

……

6. 闭幕式

……

四、活动要求

……

通过以上策划与执行方案,不仅能够庆祝学校的重要纪念日,还能够全面促进学校的文化建设、教育质量和长远发展。

17.3.2 AI 活动策划 2：招生活动

招生活动是学校或教育机构为了吸引更多学生报名参加而举办的一系列活动。这些活动旨在提高学校或机构的知名度和声誉，展示其教学特色、师资力量和教学设施等，从而吸引潜在学生和家长的关注，促进报名人数的增加。

下面是一个使用智谱清言策划的招生活动案例。

提示词

请根据"教育招生讲座"这一活动主题，制作一个招生活动的策划与执行方案，具体内容包括方案背景、讲座文化、目标群体、讲座主题和内容。

智谱清言

"教育招生讲座"活动策划与执行方案

一、方案背景

随着我国教育事业的蓬勃发展，各类教育培训机构如雨后春笋般涌现。为了在激烈的市场竞争中脱颖而出，提高品牌知名度和招生效果，本校决定举办一场"教育招生讲座"活动。通过此次活动，让更多家长和孩子了解本校的教育理念、师资力量和课程特色，从而吸引更多优秀学生加入本校。

二、讲座文化

- 主题：成就未来，从选择开始——××教育招生讲座。
- 宗旨：普及优质教育资源，助力学生全面发展。
- 口号：携手××教育，共创美好未来。

三、目标群体

- 小学、初中、高中的学生及家长。
- 对优质教育资源有需求的家长和学生。
- 希望提升自身综合素质的学生。

四、讲座主题和内容

（1）讲座主题：如何为孩子选择合适的教育机构。

（2）讲座内容如下。

① 我国教育现状分析。

- 教育资源分布不均现象。
- 家长对孩子的教育期望。
- 学生面临的压力与挑战。

② 我校教育理念及特色。

......

③ 如何选择适合孩子的教育机构。
……
④ 本校优秀学子经验分享。
……
⑤ 互动环节。
……

五、执行方案
- 前期筹备：……
- 宣传推广：……
- 讲座现场：……
- 后期跟进：……

通过以上策划与执行方案，"教育招生讲座"活动将取得圆满成功，为学校带来良好的口碑和招生效益。

17.4 教培行业的 AI 活动执行案例分析

本节通过实际案例，为读者说明 AI 技术如何在实际教学活动执行中发挥关键作用。这些案例不仅展示了 AI 技术带来的教学创新与效率提升，还揭示了其在增强学生学习体验、优化教学资源配置等方面的巨大潜力。通过学习这些案例，我们可以更直观地理解 AI 技术在教培行业的应用现状与发展趋势，为未来的教育变革提供有力参考。

17.4.1 清华大学：用 AI 实现多元化教学场景

在 2023 年 9 月的金秋时节，清华大学以其前瞻性的教育视野，在官方网站上庄重宣布了清华大学人工智能赋能教学试点活动课程工作方案的全面启动。

该方案的核心在于利用先进的人工智能技术，特别是针对不同学科特性定制的大语言模型垂直应用，为教育生态带来新视角。究其根本，活动执行策略大致分为以下两点。

1. 技术基石：独立研发的多模态大模型

清华大学此番创新，建立在其自主研发、拥有千亿参数的多模态大模型——GLM（Generative Language Model，生成式语言模型）之上。图 17-3 所示为 GLM 在众多 AI 语言模型中的排名。

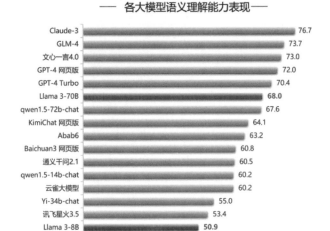

图 17-3　GLM 在众多 AI 语言模型中的排名

这一技术成果不仅展现了清华大学在人工智能领域的深厚底蕴，更为后续的教学应用提供了强大的技术支持。GLM 凭借卓越的多模态处理能力，能够跨越文本、图像和音频等多种数据形式，为教学场景带来更加丰富、直观和个性化的体验。

2. 多元化教学场景的构建

多元化教学场景的构建是指在课堂学习过程中，教师通过设计多种不同的场景和环境来提供多样化的教学体验与学习机会，旨在促进学生的全面发展和有效学习。多元化教学场景可大致分为以下两个板块。

（1）智能助教系统。依托 GLM，清华大学开发了多款 AI 助教系统，它们如同 24 小时在线的私人教师，为学生提供个性化的学习路径规划、实时解答疑惑、智能评估学习成效，并提供精准反馈。这种即时且个性化的互动方式极大地促进了学生的自主学习能力和深度思考。

（2）知识图谱应用。除了智能助教，清华大学还利用知识图谱技术，构建学科知识体系，帮助学生系统地掌握知识点间的内在联系，形成完整的知识框架。

17.4.2　北京大学：AI 助教让学生学习更轻松

2023 年年初，北京大学的某团队凭借其敏锐的科技洞察力，推出了基于 GPT-4 技术深度定制的 AI 助教——Brainiac Buddy，简称 BB，如图 17-4 所示。这款创新的教育辅助工具以其"永远有耐心""高质量互动""聪明勤奋"的特质，迅速成为师生们学习生活中的得力助手。

BB 的核心竞争力在于其背后的"数学思想"设计理念。北京大学的教育技术团队通过精心设计的指令集，巧妙地引导 GPT-4 大模型完成了一系列原本难以想象的复杂教学活动。这些教学活动包括但不限于深度解析抽象概念、构建复杂知识图谱和模拟真实教学场景等。数学思想的融入使 BB 在处理逻辑性强、关联性高的学习任务时展现出非凡的智慧和效率，为传统教学模式带来了颠覆性的变革。

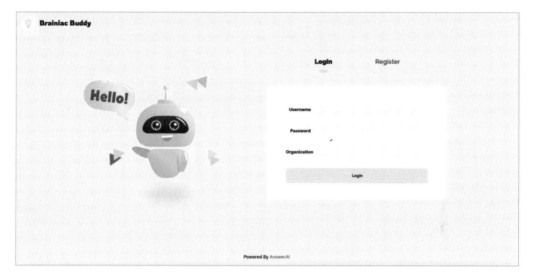

图 17-4　AI 助教 Brainiac Buddy

本 章 小 结

本章详细介绍了 AI 在教培行业活动策划与执行中的应用与优势。首先，介绍了 AI 在活动策划中扮演着重要角色，通过课程与资源推荐系统、跨平台活动整合策略等，优化了用户体验；接着，说明了用智谱清言写策划案的方法；最后，通过具体案例分析，如清华大学的 AI 多元化教学场景和北京大学 AI 助教的应用，读者将深刻体会到 AI 如何使教培活动更加高效和个性化，让学习变得更加轻松有趣。

课 后 习 题

1. 简要说明 AI 在教培行业中进行的跨平台活动整合策略。
2. 使用智谱清言策划一个招生活动。

第 18 章

展览行业的 AI 活动策划与执行

　　本章从 AI 技术为展览带来的独特优势出发，分析它在活动策划与执行中的核心作用。通过智能导览、实时翻译等前沿应用，AI 不仅提升了观众的参展体验，还优化了会展的信息管理流程。最后，通过具体的案例分析，本章为读者展示了 AI 如何重塑展览行业活动策划与执行的未来图景。

18.1　AI在展览行业中的应用与优势分析

展览行业是指集中展示产品、技术或服务，促进交易、交流与合作的综合性服务行业。AI的加入为展览行业带来了革命性的变化，其重要性不言而喻。

AI技术能够创造沉浸式体验，优化信息管理，提升活动互动性，并通过智能导览、实时翻译等功能，增强观众的参与感和满意度。AI的应用不仅提高了展览的效率和吸引力，还推动了展览行业的智能化升级。

18.1.1　创造沉浸式体验

AI技术通过其强大的数据处理与模拟能力，为展览行业创造了前所未有的沉浸式体验。在展览现场，AI可以驱动VR、AR等先进技术，使观众仿佛置身于一个全新的世界之中。图18-1所示分别为VR和AR展览的示例。

图18-1　VR和AR展览示例

18.1.2　会展信息管理的优化

AI技术在会展信息管理方面的应用同样令人瞩目。传统的会展信息管理往往依赖人工操作，不仅效率低下，还容易出现错误和遗漏；而AI技术能够通过自动化、智能化的方式，对会展信息进行全面、精准的收集、整理和分析。

例如，AI可以自动识别并跟踪参展商和观众的行为数据，为组织者提供实时的参展情况报告。同时，AI还能根据参展商的需求和观众的偏好，智能推荐匹配的展览资源和活动，提高会展的匹配度和满意度。另外，AI 技术还能在会展安全、交通和餐饮等方面发挥重要作用，通过智能监控、预测和调度，确保会展活动顺利进行。

18.2　AI 在展览行业活动策划与执行中的作用

展览行业的活动策划与执行是指通过精心策划与设计，将展览主题、内容、形式和宣传等各个环节有机结合，并在实施过程中进行有效管理与调整，以确保展览活动顺利进行并达到预期效果的过程。本节主要介绍 AI 在展览行业活动策划与执行中的作用。

18.2.1　智能导览与互动

在传统展览中，参观者往往需要依赖纸质地图或工作人员的指引来寻找感兴趣的展位或活动区域。这种方式不仅效率低下，还可能因为信息更新不及时而导致迷路或错过重要内容。AI 技术的引入，尤其是智能导览系统的应用，改变了这一现状。

智能导览系统利用 GPS 定位、蓝牙信标和 RFID（Radio Frequency Identification，无线射频识别）等技术，结合展览场地的数字化地图，为参观者提供精准的位置定位和个性化的参观路线规划。

另外，AI 还促进了展览中的互动体验升级。通过 AR、VR 等技术的融合应用，参观者可以身临其境地体验展品背后的故事、操作演示或虚拟实验，极大地增强了参与感和沉浸感。例如，在科技展览中，参观者可以通过 AR 眼镜观看复杂机械的内部结构和工作原理，或者与虚拟机器人进行互动对话，这种前所未有的体验极大地提升了展览的吸引力和教育意义。

18.2.2　实时翻译与语言支持

在全球化日益加深的今天，国际展览活动越来越频繁，但语言障碍却成为限制国际参展商与观众交流的一大难题。AI 技术的实时翻译与语言支持功能为这一问题的解决提供了有力支持。

实时翻译系统通过语音识别和自然语言处理技术，能够实时将参展商或观众的发言转换成多种语言，并通过耳机、屏幕或 App 即时传达给对方。这种即时、准确的翻译服务不仅消除了语言隔阂，促进了不同国家和地区之间的交流与合作，还提升了展览活动的国际化水平。

同时，AI 还能提供多语言支持的服务，包括展览信息的多语种展示、在线问答的自动翻译回复等，确保每一位参观者都能无障碍地获取信息、参与互动。这种全面的语言支持服务，不仅提升了展览的专业性和包容性，也为参展商和观众创造了一个更加便捷、高效的交流平台。

18.3 使用智普清言策划展览行业活动方案

智谱清言作为一款先进的 AI 工具,为展览行业活动带来了显著的价值。它能够通过自动化生成高质量的数据内容和分析报告,为展览策划提供精准的数据支持。同时,智谱清言的自然语言处理技术使得活动进行时参展者和观众的交互更加智能和便捷,增强了活动的互动性和参与感。本节主要介绍使用智谱清言策划展览行业活动的相关技巧。

18.3.1 AI 活动策划 1:博览会

博览会是一种规模庞大、内容广泛、展出者和参观者众多的展览会。它通常被认为是高档次的,能够对社会、文化以及经济的发展产生积极影响并起到促进作用的展览会。

下面是一个使用智谱清言策划的博览会活动案例。

提示词

请根据"纺织行业展"这一活动主题,制作一个博览会活动的策划与执行方案,具体内容包括参展目标、参展准备、展会落地内容、人员安排

智谱清言

"纺织行业展"活动策划与执行方案

一、参展目标

- 提升品牌知名度:通过参展,提高品牌在纺织行业内的认知度和影响力。
- 拓展市场渠道:与国内外纺织行业上下游企业建立紧密联系,拓展销售和市场渠道。
- 学习交流:了解行业最新动态和技术,与同行进行合作与交流,以提升企业竞争力。
- 收集市场信息:收集潜在客户信息和市场需求,为产品研发和策略制定提供依据。
- 签订订单:直接与采购商进行洽谈,争取现场签订订单。

二、参展准备

1. 展位选择与设计

选择人流量大的展示区域,设计具有企业特色和吸引力的展位,包括展台搭建、展品陈列、视觉识别系统等。

2. 展品准备

精选具有代表性的产品，确保展品质量，准备充足的样品和产品资料。

3. 宣传材料

制作企业宣传册、产品手册、宣传海报等，准备宣传视频、产品演示等数字媒体内容。

4. 技术与人员培训

对参展人员进行产品知识、接待技巧、展会流程等方面的培训。

5. 预约客户

提前与潜在客户沟通，邀请其参加展会并预约会面时间。

三、展会落地内容

- 展台活动：……
- 产品展示：……
- 技术交流：……
- 互动体验：……
- 跟踪服务：……

四、人员安排

1. 展会总指挥

……

2. 展台管理团队

……

3. 商务洽谈团队

……

4. 宣传推广团队

……

5. 后勤支持团队

……

通过以上策划与执行方案，确保"纺织行业展"活动的顺利进行，实现参展目标，为企业带来实际效益。

18.3.2　AI 活动策划 2：研讨会

研讨会是专门针对某一行业领域或某一具体讨论主题，在集中场地进行研究、讨论交流的会议。研讨会对于制定政策、发展战略和方法措施等都具有重要作用。研讨会的特点包括互动性强、团体性强、深度性强以及灵活性大，能够促进思想碰撞、知识交流和观点碰撞，推动参与者在特定领域或问题上的认知和发展。

下面是一个使用智谱清言策划的研讨会活动案例。

提示词

请根据"市场分析战略研讨会"这一活动主题,制作一个研讨会活动的策划与执行方案,具体内容包括详细议程、参与人员、报告分享、互动环节、闭幕总结。

智谱清言

"市场分析战略研讨会"活动策划与执行方案

一、详细议程

1. 开幕式及致辞(30分钟)
- 主办方代表致辞。
- 特邀嘉宾发言。

2. 主题演讲(60分钟)
- 《市场分析战略在企业发展中的重要性》
- 《大数据时代下的市场分析挑战与机遇》

3. 专题报告分享(90分钟)
- 报告一:《市场细分与目标市场选择策略》。
- 报告二:《消费者行为分析与市场营销策略》。
- 报告三:《竞争对手分析与企业竞争战略》。

4. 互动环节(60分钟)
- 圆桌讨论:市场分析工具与技术的应用。
- Q&A(Question and Answering,问题与回答)环节:与会者提问,专家解答。

5. 闭幕总结(30分钟)
- 研讨会成果总结。
- 领导致闭幕词。

二、参与人员

- 特邀嘉宾:行业专家、知名学者、政府相关部门领导。
- 企业代表:企业高管、市场分析部门负责人、市场营销人员。
- 媒体代表:行业媒体、主流媒体记者。
- 组织方工作人员:活动策划、现场协调、技术支持等。

三、报告分享

1. 报告一:《市场细分与目标市场选择策略》
- 分享嘉宾:……
- 内容概述:……

2. 报告二：《消费者行为分析与市场营销策略》
   - 分享嘉宾：……
   - 内容概述：……
3. 报告三：《竞争对手分析与企业竞争战略》
   - 分享嘉宾：……
   - 内容概述：……

四、互动环节
……

五、闭幕总结
- 研讨会成果总结：……
- 领导致闭幕词：……

通过以上策划与执行方案，该活动能够成功举办，为参与者提供有价值的信息和交流机会。

18.4 展览行业的 AI 活动执行案例分析

本节将分析相关的执行活动案例，揭示 AI 在展览中的实际应用效果，为行业提供可借鉴的成功经验与改进方向，促进展览行业的智能化转型与升级，并进一步激发市场活力与创造力。

18.4.1 野小慧：女性 AI 艺术展

野小慧女性 AI 艺术展于 2023 年 7 月 15 日在上海艺术馆开幕。这场为期两个月的艺术探索，不仅是一次科技与艺术深度融合的尝试，更是 AI 领域首次以女性视角为核心议题的重大突破。

展览汇聚了全球上千位数字艺术家的智慧结晶，围绕"爱、孕育和希望"的温柔主题，利用 AI 技术创作出跨越文本、图像、视频以及互动装置等多维度的艺术作品，为观众呈现了一场感官与思想的双重震撼。

下面从两个方面来探讨野小慧女性 AI 艺术展举办的成功之处。

1. 女性视角的创新引领

该活动在 AI 艺术领域率先提出"性别视角"的概念，利用女性艺术家的独特视角和创作逻辑，重新定义 AI 艺术的文化属性和价值导向。这一策略不仅拓宽了 AI 艺术的边界，也促进了社会对 AI 性别意识的关注与讨论。

展览策划团队精心策划，确保从选题、征集到展示的全过程都紧密围绕女性主题展开。通过社交媒体、专业论坛等多渠道宣传，吸引并鼓励女性艺术家及爱好者参与，共同构建了一个以女性声音为主导的艺术生态。

2. 去中心化的参与模式

该活动打破了传统艺术展由精英主导的惯例，采用自下而上的参与模式，让非专业背景的人群也能成为艺术创作的主体和展示的对象。依托 AI 课程学员及社交媒体平台的关注，构建了一个广泛而多元的创作群体。通过在线提交、社群评审等机制，确保每个声音都能被听见，每份创意都能得到展示的机会。这种去中心化的模式极大地激发了公众的参与热情，增强了展览的互动性和包容性。

18.4.2 服贸会：七大创新应用体验中心展区

2024 年中国国际服务贸易交易会（以下简称服贸会）定于 9 月 12 日至 16 日在北京盛大举行。作为服贸会的重要组成部分，电信、计算机和信息服务专题展精心布局通信和数字技术、元宇宙两大核心展馆，并创新性地设立了包括电信服务、人工智能、智慧生活、低空飞行、专精特新、国际创新孵化和元宇宙前沿技术创新应用体验中心在内的七大展区。下面将分析服贸会展览活动策略的亮点。

1. 精准定位，聚焦 AI 核心议题

服贸会明确将人工智能作为专题展的核心展区之一，体现了对 AI 技术推动服务贸易转型升级的高度重视。通过精准定位，吸引全球 AI 领域的顶尖企业、研究机构及创新项目参展，集中展示 AI 在服务贸易各环节的最新成果。

此外，提前规划，邀请行业专家组成顾问团，对展区布局、内容策划及参展项目进行严格筛选与评估，确保展区内容既前沿又实用，能够真实反映 AI 技术在服务贸易领域的最新进展和未来趋势。

2. 互动体验，增强观众参与感

创新应用体验中心作为展区的一大亮点，通过丰富的互动体验项目，让参观者亲身体验 AI 技术带来的便捷与惊喜，从而加深对 AI 技术价值的认知与理解。设计多样化的互动体验场景，如智能家居体验区等，为观众打造专业且沉浸式的体验环境。图 18-2 所示为居然之家参展服贸会所打造的智能家居体验区。

在互动体验化场景搭建完毕后，设置专业导览员和讲解员为观众提供详细的解说与引导，这可以增强互动体验的深度与广度。

3. 国际合作，拓展全球视野

服贸会邀请国际知名 AI 企业、科研机构及国际组织参展，并举办跨国界的技术研讨会、圆桌论坛等活动，为国内外参展商搭建交流合作的桥梁。同时，设立国际创新孵化区，为初创企业和创新项目提供广阔的展示平台，促进国际创新资源的有效对接与融合。

图18-2　居然之家参展服贸会所打造的智能家居体验区

本 章 小 结

本章首先向读者介绍了AI在展览行业的活动与策划知识，具体内容包括创造沉浸式体验、优化会展信息管理、智能导览、实时翻译；接着，介绍了用智谱清言策划展览活动方案的知识；最后，通过野小慧和服贸会等案例的具体分析，展示了AI如何为展览行业带来创新与变革，促进展览活动的智能化升级。通过本章内容的学习，读者能够更深入地了解展览活动策划与执行，并掌握相关的活动方案与执行知识。

课 后 习 题

1. 使用智谱清言策划一个博览会活动。
2. 分析野小慧女性AI艺术展的活动执行策略。

课后习题答案

第1章课后习题答案

1. 简要说明活动策划的定义。

答：活动策划是指为了达成特定目标或效果，通过精心设计与规划的一系列行动方案的总和，包括明确目标与定位、市场调研与竞品分析、创意构思与主题确定、制定详细的策划方案、准备物资和设备、宣传和邀请参与者6个步骤。

2. 列出AI参与活动策划的优势。

答：AI参与活动策划的优势如下。

（1）精准数据分析，洞察市场趋势。

（2）自动化流程，提升工作效率。

（3）个性化定制，增强用户体验。

（4）实时反馈与调整，优化活动效果。

（5）创新创意，激发无限可能。

（6）降低人力成本，提高经济效益。

第2章课后习题答案

1. 简要说明AI在活动日程与流程优化中的应用。

答：AI能够全面而深入地分析活动规模、场地条件和人员安排等多种关键因素，通过集成先进的数据分析算法，精确计算各项活动所需的时间、空间及人力资源，确保资源分配的合理性与高效性。在此基础上，AI利用复杂的优化算法自动生成最优化的日程安排和流程设计，最大限度地减少时间浪费与资源冲突。

AI还能在活动执行过程中实时监控活动进度。通过集成物联网、传感器等先进技术，AI能够实时收集活动现场的各项数据，如人员到场情况、设备运行状态和场地使用情况等。基于这些数据，AI能够动态分析活动进度与预期目标的偏差，及时发现并解决问题。

2. 用文心一言写一篇活动策划案。

答：用文心一言写活动策划案的案例如下。

 提示词

请根据"DIY手工创作"这一活动主题，写一篇活动策划案

"DIY 手工创作"活动策划案

一、活动背景与目的

在快节奏的现代生活中，人们越来越渴望寻找心灵的宁静与创造力的释放。DIY（do it yourself，自己动手做）手工创作作为一种集趣味性、教育性和艺术性于一体的活动，不仅能够激发参与者的想象力与创造力，还能增进亲子关系、朋友间的默契，促进情感的交流与分享。本次"DIY 手工创作"活动旨在搭建一个平台，让不同年龄、不同背景的人群相聚一堂，通过亲手制作享受创作的乐趣，感受手工创作的魅力，共同创造一个充满爱与温暖的手工作品世界。

二、活动主题

"创意无界，手作有心"——DIY 手工创作嘉年华。

三、活动时间与地点

时间：2024 年××月××日（周六）上午 9:00 至下午 4:00。

地点：××市文化中心多功能厅。

四、活动对象

全体市民，特别欢迎家庭、亲子、朋友组合及手工艺爱好者参与。

五、活动内容

开幕式：简短而温馨的开场致辞，介绍活动意义、流程安排及安全须知。

- 亲子互动区：设置"亲子手印画""亲子陶艺制作"等项目，增进亲子间的情感交流。
- 创意手工区：提供布艺、纸艺、木工和皮具等多种材料，让参与者自由发挥创意，制作个性化的手工艺品。
- 环保改造区：鼓励利用废旧物品进行创意改造，例如将废旧衣物改造成包包、用塑料瓶制作花盆等，以此传播环保理念。
- 专业指导区：邀请手工艺人现场教学，传授传统手工艺技巧，如中国结编织等。
- 手工作品展示与评选：参与者完成的作品可在指定区域展示，并邀请专业评委及观众投票，评选出"最具创意奖""最佳亲子合作奖""环保改造先锋奖"等奖项。
- 交流分享会：设置互动环节，邀请参与者分享创作心得，以促进彼此间的了解与学习。
- 闭幕式及颁奖典礼：总结活动亮点，颁发奖项，鼓励所有参与者，为活动画上圆满句号。

六、宣传推广

- 线上宣传：……

- 线下宣传：……
- 合作宣传：……

七、预算规划

……

八、安全预案

……

第 3 章课后习题答案

1. 简要阐述传统日程安排的局限性。

答：传统日程安排的局限性如下。

（1）效率低下。

（2）易出错。

（3）缺乏灵活性。

（4）信息更新滞后。

（5）难以满足多元化需求。

2. 在使用 AI 进行需求分析与规划时，通常使用哪些手段收集信息？

答：通过问卷调查、访谈和数据分析等方式收集信息。

第 4 章课后习题答案

1. 简要说明个性化营销的定义与重要性。

答：个性化营销是一种基于个体差异和行为特征，为用户提供定制化产品和服务的过程，其核心在于通过数据驱动实现对用户需求的精准把握和满足。在 AI 时代，个性化营销的重要性越发凸显，因为它能够显著提升用户体验，增加转化率，培养品牌忠诚度，从而提高企业的竞争力和市场份额。

2. 简要说明 AI 在用户洞察与细分中的应用有哪些。

答：AI 在用户洞察与细分中的应用有如下几点。

（1）用户数据的深度挖掘与分析。

（2）用户细分的精细化操作。

（3）实时洞察与动态调整。

第 5 章课后习题答案

1. 列出场地数据收集用到的几种手段。

答：场地数据收集用到的手段有如下 6 种。

（1）开源地图。利用 OSM 等开源地图服务，可以获取建筑街道布局、地块类型分布和建筑属性高度等参数。OSM 由网络大众共同打造，是一个免费开源、可编辑的地图服务。

（2）数字高程模型。通过 DEM 数据，可以实现对地面地形的数字化模拟，了解地形的起伏和变化，为场地分析提供基础数据。

（3）兴趣点。POI 数据包含地块上的各种兴趣点，如景点、政府机构、公司、商场和饭馆等，通过 POI 可以获取地块的经纬度位置、属性等具体数据。

（4）城市部门数据。许多城市的城市部门会提供 SHAPE 文件或 CAD 文件形式的数据，这些数据包含城市的基础设施、规划信息等，对于场地分析具有重要价值。

（5）在线地图与数据平台。利用 Google Earth、百度地图等在线地图工具，可以获取场地的航拍图像、地形地貌等信息。同时，也有专业的数据平台，如地理空间数据云，提供丰富的地理空间数据资源，这些资源可用于场地分析。

（6）现场调研。通过现场踏勘、测量和访谈等方式，收集场地的第一手资料，包括地形地貌、交通状况和周边环境等信息。

2. 列举几款布局与设计软件，并说明其优点。

答：布局设计软件有如下 4 种。

（1）AutoCAD。虽然以建筑设计为主，但功能强大，也可用于复杂场地布局。

（2）Revit。专为建筑信息模型设计，支持从设计到施工的全面管理。

（3）Floorplan 360。专门针对活动策划领域，提供互动式 3D 场地规划体验。

（4）Planner 5D。内置丰富的家具和装饰素材库，适用于家居和展览设计。

第 6 章课后习题答案

1. 简要说明活动效果的定义。

答：活动效果是指企业为达成特定市场目标而策划并执行的一系列营销活动所取得的实际成果或影响，这些活动可能包括但不限于产品推广、品牌宣传、促销活动以及线上线下的互动体验等。

2. 谈谈 AI 在数据处理中的应用。

答：AI 在数据处理中的应用有如下两点。

（1）数据清洗与去重。AI 算法能够自动识别并处理数据中的异常值、缺失值及重复项，确保数据质量，为后续分析打下坚实基础。

（2）多维度分析。借助 AI 的强大数据处理能力，可以对收集到的数据进行多维度、深层次的挖掘，如用户行为分析、趋势预测等，帮助组织者更加全面地了解活动效果。

第 7 章课后习题答案

1. 简要说明全链 AI 营销的流程。

答：全链 AI 营销的流程如下。

（1）在起始阶段，AI 技术通过大数据分析，能够迅速捕捉市场动态，分析行业趋势，挖掘潜在的市场机会。

（2）在策略制定阶段，AI 能够根据市场调研结果和受众分析数据，智能推荐最适合的营销渠道、内容形式和投放时机。

（3）在广告执行阶段，AI 能够迅速评估广告效果，并基于这些数据自动调整投放策略，如调整出价、优化关键词以及更换创意等。

（4）在全面评估阶段，通过对比不同渠道、不同创意和不同时间段的广告效果，AI 能够揭示哪些因素对广告成功起到关键作用，哪些环节还有待改进。基于这些评估结果，广告主可以进一步优化营销策略，为未来的营销活动提供更为精准的指导。具体内容可以参考 7.1.3 小节。

2. 使用文心一言策划一个广告展览活动。

答：用文心一言策划的广告展览活动如下。

提示词

请根据"室内广告展览"这一活动主题，制作一个广告展览活动的策划与执行方案，具体内容包括展会时间、展馆名称、主办单位、展出面积、展会介绍、参展范围、组展优势

文心一言

"室内广告展览"活动策划与执行方案

一、展会时间
- 日期：2024 年 10 月 15 日至 10 月 17 日。
- 时间：每日上午 9:00 至下午 5:00（最后一天延长至晚上 7:00，举办闭幕式及颁奖典礼）

二、展馆名称

展馆：国际会展中心（虚拟/实体依据实际情况选择，如"××城市国际会展中心"）。

三、主办单位
- 主办：××省广告协会、××市文化旅游局。
- 协办：××大学传媒学院、××广告创意产业园区。
- 支持单位：多家知名广告公司、行业协会及媒体机构。

四、展出面积
- 总面积：20 000 平方米，分为多个展区，包括广告创意区、数字营销区、媒体技术区和品牌展示区等。
- 标准展位：提供 54 平方米的标准展位若干个，以及特装展位定制服务。

五、展会介绍
"室内广告展览"旨在会聚国内外广告行业的精英与先锋力量，展示最新的广告创意、技术与趋势，促进广告产业链上下游企业的交流与合作。展会将围绕"创新·融合·共赢"的主题，通过展览展示、论坛研讨、颁奖典礼和商务对接等多种形式，为参展商和观众搭建一个高效、专业的交流平台。

六、参展范围
- 广告创意与设计：平面广告、影视广告、动画广告以及互动广告等创意作品展示。
- 数字营销与媒体技术：社交媒体营销、搜索引擎优化、大数据分析、人工智能广告技术以及虚拟现实/增强现实广告应用等。
- 广告材料与设备：LED 显示屏、喷绘机、印刷设备、广告灯箱和标识标牌等。
- 品牌建设与推广：品牌形象设计、品牌策划、品牌传播策略和成功案例分享等。
- 媒体与出版：广告杂志、行业网站和社交媒体平台等媒体资源展示与合作。

七、组展优势
- 专业平台：……
- 精准定位：……
- 丰富活动：……
- 强大宣传：……
- 便捷服务：……
- 国际化视野：……

第 8 章课后习题答案

1. 简要说明 AI 如何参与用户互动高峰时段监控。

答：AI 参与用户高峰时段监控的策略如下。

（1）实时数据收集与分析。AI 系统能够不间断地收集来自电商平台、社交媒体和 App 等多个渠道的用户行为数据，通过先进的算法模型即时处理这些数据，识别用户互动活动的细微变化，从而准确预测并定位互动高峰时段。这种实时性确保了电商企业能够迅速响应市场变化，调整策略。

（2）内容与质量分析。在高峰时段，AI 不仅关注用户互动的频次，还深入分析互动的内容与质量。通过自然语言处理技术，AI 能够解析用户评论、社交媒体帖子和在线聊天内容等，提取出用户对产品的满意度、改进建议以及潜在需求等信息。

（3）高峰时段智能识别。利用机器学习算法，AI 能够学习历史数据中的用户行为模式，识别出用户活跃度显著增高的时间段，即互动高峰时段。这一过程不仅考虑了时间因素，还综合了用户行为特征、商品类别以及促销活动等多种变量，使得识别结果更加精准。同时，AI 还能预测未来高峰时段可能出现的时间，为电商企业提前布局提供科学依据。

2. 使用文心一言策划一个美妆品牌的上新日活动。

答：用文心一言策划的美妆品牌上新日活动如下。

提示词

请根据"美妆品牌系列新品发布会"这一活动主题，制作一个品牌上新日活动的策划与执行方案，具体内容包括发布会主题、活动程序、地点安排、道具安排

文心一言

"美妆品牌系列新品发布会"策划与执行方案

一、发布会主题

焕新·绽放——探索美丽新纪元。

这一主题旨在传达品牌对美的不断追求与创新。通过新品发布会向市场展示品牌最新的科技成果与美学理念，引领美妆行业的新风尚，让消费者在探索中感受美丽的新可能。

二、活动程序

1. 开场前准备（30 分钟）

- 签到入场：嘉宾通过电子签到系统领取专属手环或胸牌，并领取新品体验装及发布会纪念品。
- 氛围营造：现场播放品牌历史回顾与新品预告视频，搭配轻柔的背景音乐，以营造期待感。

2. 开场致辞（10 分钟）

品牌 CEO 致开幕词，简述品牌发展历程，强调新品发布的重要意义，并对到场嘉宾表示感谢。

3. 新品揭秘（40 分钟）

- 新品展示：通过模特走秀、产品特写视频、现场互动演示等多种形式，全方位展示新品的特色与亮点。
- 产品讲解：产品经理或设计师上台，详细介绍新品的研发理念、成分优势、使用效果及适用人群。

4. 明星/KOL 体验分享（20 分钟）

邀请品牌代言人或知名美妆博主现场试用新品，并分享他们的使用心得与感受，

以此增加产品的信任度。

- 5. 互动环节（20分钟）
- 问答抽奖：设置关于品牌及新品的趣味问答，答对者有机会获得新品正装或限量礼盒。
- 现场试妆：设置试妆区，邀请专业化妆师为嘉宾提供新品试妆服务，体验即刻变美。
- 6. 媒体采访（15分钟）

安排媒体专访时间，让品牌高层及代言人接受采访，分享更多幕后故事与未来规划。

- 7. 结束语与谢幕（5分钟）

品牌代表总结发言，感谢所有参与者，预告下一步的市场活动计划。

全体嘉宾合影留念，发布会圆满结束。

三、地点安排

- 主会场：选择一家高端酒店的宴会厅或艺术中心，确保场地宽敞明亮，具备先进的音响灯光设备，适合举办大型活动。
- 试妆区：设置于会场一侧，配备专业化妆台、镜子及足够的照明设备，确保每位嘉宾都能享受舒适的试妆体验。
- 签到处与休息区：……

四、道具安排

- 舞台布置：……
- 新品展示道具：……
- 互动道具：……
- 宣传物料：……

第9章课后习题答案

1. 简要说明AI在零售企业活动策划与执行中的作用。

答：AI在零售企业活动策划与执行中的作用如下。

（1）AI技术通过数据分析与预测能力，为零售企业提供了强大的实时互动与反馈机制。企业可以利用AI驱动的社交媒体分析工具，快速响应用户的咨询和反馈，及时调整活动策略，确保营销活动始终紧贴市场需求。

（2）AI通过深度学习和大数据分析技术，能够精准分析用户的购物历史、浏览行为和兴趣爱好等多维度信息，从而为其量身定制个性化的商品推荐、优惠活动等服务。

（3）企业可以利用AI工具进行数据分析、预测趋势和制定策略，并通过自动化流程管理系统实现资源的优化配置和活动的精准执行。这种自动化管理方式不仅提高了工作效率，还降低了人力成本，为企业赢得了更多的竞争优势。

2. 使用 Kimi 策划一个折扣活动。

答：用 Kimi 策划的折扣活动如下。

> **提示词**
>
> 请根据"限时抢购"这一活动主题，制作一个折扣活动的策划与执行方案，具体内容包括活动背景、活动目标、活动主题、活动内容、活动预算

> **Kimi**

"限时抢购"活动策划与执行方案

一、活动背景

在当前竞争激烈的零售市场中，消费者对于价格的敏感度较高，追求性价比成为购物的主要驱动力之一。为了快速吸引流量、提升品牌曝光度并促进短期内的销售增长，我们决定举办一场"限时抢购"活动。通过设定特定时间段内的超低折扣或专属优惠，激发消费者的购买欲望，营造紧张刺激的购物氛围，进而实现销售目标的快速达成。

二、活动目标

- 提升销售额：通过提供限时抢购的优惠，吸引大量消费者参与，实现短期内销售额的显著提升。
- 增加用户黏性：利用限时抢购的紧迫感，促使新用户注册并尝试购买，同时增强老用户的购物体验，从而提升用户忠诚度。
- 扩大品牌影响力：通过活动宣传，提高品牌知名度和曝光度，吸引更多潜在消费者关注。

三、活动主题

"秒杀盛宴，限时疯抢"——打造一场时间紧迫、优惠力度大的抢购狂欢，让消费者在限定时间内享受到前所未有的购物优惠。

四、活动内容

- 精选商品：……
- 折扣设置：……
- 时间限制：……
- 预热宣传：……
- 抢购流程：……
- 售后服务：……

五、活动预算

- 商品成本：……

- 营销费用：……
- 技术支持：……
- 客服与售后：……
- 风险准备金：……

第 10 章课后习题答案

1. 简要说明 AI 在创意激发中的作用。

答：AI 在创意激发中的作用如下。

（1）多样化的创意来源。AI 通过深度学习和大数据分析，能够整合海量信息，为文艺活动策划提供多元化的创意灵感。

（2）个性化创意定制。AI 能够根据受众的喜好、行为数据等进行精准分析。AI 图像生成技术可以将用户的节日故事转化为独一无二的数字艺术作品，这种个性化的创意定制不仅增强了用户的参与感和归属感，还使文艺活动更贴近人心。

2. 使用 Kimi 策划一个音乐会活动。

答：用 Kimi 策划的音乐会活动如下。

提示词

请根据"弦乐合奏音乐会"这一活动主题，制作一个音乐会活动的策划与执行方案，具体内容包括活动概述、地点选择、活动宣传、嘉宾邀请、现场管理

文心一言

"弦乐合奏音乐会"活动策划与执行方案

一、活动概述

- 活动名称：和谐之声•弦乐合奏音乐会。
- 活动目的：通过一场高水平的弦乐合奏音乐会，展现弦乐艺术的独特魅力，促进古典音乐的普及与交流，提升公众的艺术鉴赏能力，同时为音乐爱好者提供一个近距离感受弦乐之美的平台。
- 活动时间：选定一个周末晚上，如××月××日晚上 7:30—9:30，确保观众有足够的时间参与并享受音乐会。
- 活动内容：精选古典及现代弦乐作品，包括经典交响曲弦乐部分、室内音乐作品以及具有创新元素的当代弦乐作品。演出形式涵盖弦乐四重奏、弦乐五重奏和弦乐合奏等多种组合，展现弦乐的丰富层次与和谐之美。

二、地点选择

- 首选地点：当地知名的音乐厅或剧院，需确保音响效果一流，舞台布置适合弦

乐合奏表演，并拥有足够的观众容量和舒适的座椅。
- 备选地点：大型文化中心或高校礼堂，需提前考察场地条件，确保满足音乐会的技术要求和观众体验。

三、活动宣传

1. 线上宣传

利用社交媒体平台（如微信公众号、微博、抖音等）发布音乐会预告、幕后花絮、嘉宾介绍等内容，增加曝光度。与当地文化类、音乐类 KOL 合作，通过其渠道进行推广，并发起线上抢票活动。设置分享转发抽奖等互动环节，扩大宣传范围。

2. 线下宣传

在人流量密集的公共场所（如商场、地铁站）投放海报和宣传单，与当地书店、咖啡馆等文化场所合作，设置音乐会宣传角，并通过学校、社区等渠道进行定向宣传，以吸引特定群体。

3. 媒体合作

邀请当地主流媒体进行报道，包括电视、广播、报纸及网络媒体，制作并发布音乐会预告片，在电视台及网络平台播放。

四、嘉宾邀请

- 乐团选择：……
- 独奏家邀请：……
- 特邀嘉宾：……
- 邀请函制作与发送：……

五、现场管理

- 入场管理：……
- 座位安排：……
- 音响与灯光：……
- 舞台布置：……
- 观众互动：……

第 11 章课后习题答案

1. 使用豆包策划一个特色美食活动。

答：使用豆包策划的特色美食活动如下。

提示词

请根据"美食品鉴会"这一活动主题，制作一个特色美食活动的策划与执行方案，具体内容包括活动筹备、举办主题、展位及展销时刻、运作模式、宣传方式

🧑 豆包

"美食品鉴会"活动策划与执行方案

一、活动筹备
- 确定活动时间和地点：选择在周末或节假日，在交通便利、场地宽敞且有足够停车位的室内场馆，如大型商业广场中庭或会展中心。
- 招商与合作：邀请各类特色美食商家、餐厅以及小吃摊等参与，确保美食种类丰富多样，涵盖地方特色美食、国际美食和创意美食等。
- 人员安排：组织活动工作人员，包括活动策划、现场执行、安保和服务人员等，并对他们进行培训。
- 物资准备：准备展位搭建材料、餐具、桌椅、垃圾桶等现场所需物资，以及宣传物料如海报、传单和邀请函等。

二、举办主题
舌尖盛宴，环球美食之旅。

三、展位及展销时刻
- 展位设置：根据美食类型和商家数量划分不同区域，如国内特色美食区、国际美食区、甜品区和饮品区等。每个展位统一设计装修，并配备展示架、烹饪设备和餐具。
- 展销时刻：活动为期2天，每天上午10点开始，晚上9点结束。

四、运作模式
- 商家入驻：商家需缴纳一定的展位费用才能入驻，并自行负责美食的制作、销售和服务。
- 门票制度：观众需购买门票入场，门票价格包含一定金额的美食代金券，可在现场消费时直接抵扣。
- 互动环节：设置美食烹饪表演、美食文化讲座、美食品尝比赛和抽奖等互动环节，以增加活动的趣味性和参与度。

五、宣传方式
- 社交媒体宣传：利用微信公众号、微博和抖音等社交媒体平台发布活动信息、美食图片和视频，吸引用户关注和分享。
- 线下宣传：在周边社区、学校以及写字楼张贴海报、发放传单，以吸引周边人群参与。
- 合作宣传：与当地媒体、美食博主和网红等合作，进行活动报道和推广。
- 会员通知：通过商家会员系统，向会员发送活动通知和优惠券，以提高会员参与度。

2. 简要分析麦当劳用 AI 创新互动式农历新年活动的执行策略。

答：麦当劳用 AI 创新互动式农历新年活动的执行策略如下。

（1）跨界合作，精准定位目标受众。麦当劳选择与拥有百万粉丝的博主合作是一次精准的受众定位。博主的影响力覆盖了广泛的年轻及多元文化群体，尤其是对中国农历新年有深厚情感的受众。这种合作不仅扩大了麦当劳的品牌曝光度和影响力，也确保了活动内容能够精准触达目标用户。

（2）创新技术应用，打造沉浸式体验。麦当劳应用 NeRF 技术，复刻了博主的童年假期回忆；又结合体验式 AR 滤镜，用户通过扫描二维码，能够亲自体验 NeRF 技术创造的 3D 场景。这项技术为用户呈现了一个高度逼真、充满想象力的三维世界。

（3）数据驱动，优化广告效果。在广告制作过程中，麦当劳充分利用 AI 进行数据分析。通过 AI 分析用户的注意力分布，广告制作团队能够精确调整画面中的关键元素，确保广告信息的有效传达。

第 12 章课后习题答案

1. 简要说明 AI 如何促进旅游产品创新与开发。

答：AI 促进旅游产品创新与开发的策略如下。

（1）智能辅助设计，提升旅游产品创意与质量。AI 通过智能算法与机器学习技术，能够辅助设计师进行创意构思与方案优化。

（2）虚拟现实与增强现实，重塑旅游体验边界。VR 和 AR 技术的兴起为旅游产品的创新开辟了新的路径。VR 技术通过构建三维虚拟环境，让游客仿佛置身于真实的旅游场景中，感受不同地域的文化魅力与自然风光；而 AR 技术则能在现实世界中叠加虚拟信息，为游客提供更加丰富的交互体验与信息展示。

2. 使用豆包策划一个生态旅游活动。

答：用豆包策划的生态旅游活动如下。

 提示词

请根据"森林公园旅游"这一活动主题，制作一个生态旅游活动的策划与执行方案，具体内容包括项目背景与目标、项目步骤与措施、项目实施计划、活动组织与推进

 豆包

"森林公园旅游"活动策划与执行方案

一、项目背景与目标

1. 项目背景

随着人们对生态环境的重视和对健康生活方式的追求，生态旅游越来越受到欢

迎。森林公园作为大自然的瑰宝，拥有丰富的自然资源和优美的生态环境，是开展生态旅游的理想场所。

2. 项目目标

通过组织森林公园旅游活动，让游客亲近自然、感受生态之美，从而提高公众对生态环境保护的意识；同时，促进当地旅游业的发展，带动周边经济。

二、项目步骤与措施

1. 活动策划

（1）确定活动时间、地点和参与人数。

（2）设计活动路线，包括森林徒步、自然观察、生态讲座等环节。

（3）邀请专业的自然导览员和生态专家，为游客提供专业的讲解和指导。

（4）准备活动所需的物资，如地图、望远镜、急救药品等。

2. 宣传推广

（1）制作宣传海报、传单和活动视频，并通过社交媒体、旅游网站、线下旅游门店等渠道进行宣传。

（2）与当地旅行社、户外俱乐部合作，推广活动。

（3）邀请旅游博主、网红等进行体验式宣传，以扩大活动的影响力。

3. 安全保障

（1）对活动路线进行安全评估，排除潜在的安全隐患。

（2）为游客购买旅游意外险。

（3）配备专业的急救人员和设备，确保在紧急情况下能够及时处理。

4. 环境保护

（1）在活动中向游客宣传生态环境保护知识，倡导文明旅游。

（2）设置垃圾桶和环保提示牌，引导游客正确处理垃圾。

（3）组织志愿者进行环境清理活动，保持森林公园的整洁。

三、项目实施计划

- 活动前准备：……
- 活动当天：……
- 活动后跟进：……

四、活动组织与推进

……

第13章课后习题答案

1. 简要说明AI技术应用于酒店行业的优势。

答：AI技术应用于酒店行业的优势如下。

（1）优化运营效率。AI 技术在酒店行业的应用极大地优化了运营效率。在传统酒店运营中，诸如预订管理、客房分配和顾客服务等多个环节往往需要大量的人工操作，不仅效率低下，还容易出错；而 AI 技术的引入，通过智能系统的自动化处理，实现了这些流程的智能化和自动化。

（2）提升住客体验与服务品质。AI 技术还显著提升了住客体验与服务品质。AI 能够深入了解顾客的需求与偏好，为他们提供更加个性化、贴心的服务。

2. 使用天工 AI 策划一个酒店主题活动。

答：使用天工 AI 策划的酒店主题活动如下。

提示词

请根据"普拉提健身酒店主题活动"这一活动主题，制作一个酒店主题活动的策划与执行方案，具体内容包括活动主题、活动时间、活动地点、活动内容、活动宗旨

天工AI

"普拉提健身酒店主题活动"策划与执行方案

一、活动主题

活力普拉提，塑形悦享——健身酒店主题活动。

二、活动时间

- 启动时间：2024 年 10 月 1 日。
- 持续周期：为期一周（2024 年 10 月 1 日至 10 月 7 日）。

三、活动地点

- 主场地：悦动健身酒店，位于城市中心，拥有专业健身设施与宽敞的活动空间。
- 次场地：酒店内多功能厅、户外花园和顶层露台。

四、活动内容

1. 普拉提体验课

每日早间与傍晚时段，邀请专业普拉提教练，开设不同难度级别的课程。面向所有住客及公众开放，需提前预约。

2. 健康饮食工作坊

与知名营养师合作，提供普拉提健身后的营养餐制作教学。通过互动体验教授健康饮食搭配，以促进健身效果。

3. 主题讲座

邀请健身与健康领域的专家，分享普拉提与身心健康的关系，以及如何将普拉提融入日常生活。

4. 普拉提挑战赛

设立为期一周的挑战赛，鼓励参与者每日完成特定普拉提动作，记录并分享至社

交媒体。

设有小礼品与酒店优惠券奖励。

5. 普拉提主题派对

在活动的最后一天，举办主题派对，庆祝一周的健身旅程。派对活动包括现场音乐、健康饮品与轻食，以及抽奖环节。

五、活动宗旨
- 倡导健康生活方式：……
- 促进身心平衡：……
- 提升酒店形象：……

第 14 章课后习题答案

1. 简要说明 AI 在推动智能网联与数据的应用体现在哪几个方面，并谈谈具体究竟是怎样应用的。

答：AI 在推动智能网联与数据的应用，具体体现在以下几个方面。

（1）应用体现。AI 在智能网联汽车中的应用主要体现在数据处理和分析上。

（2）具体方式。通过收集和分析车辆运行数据、用户行为数据等海量信息，AI 系统能够为用户提供更个性化的服务体验。根据用户的驾驶习惯和出行需求，AI 系统可以智能推荐行驶路线、优化车辆性能参数等。同时，这些数据还可以为汽车制造商提供宝贵的市场洞察和产品开发依据，帮助他们更好地满足用户需求、提升产品竞争力。

2. 使用天工 AI 策划一个汽车试驾活动。

答：使用天工 AI 策划的汽车试驾活动如下。

提示词

请根据"半封闭道路性能试驾"这一活动主题，制作一个汽车试驾活动的策划与执行方案，具体内容包括项目需求、策略思考、活动规划、传播规划、运营保障

天工AI

"半封闭道路性能试驾"活动策划与执行方案

一、项目需求
- 目标受众：潜在购车客户、汽车爱好者、媒体代表。
- 活动目标：提升品牌知名度，展示车型性能，收集潜在客户信息。
- 核心需求：安全、专业的试驾体验，有效传播品牌与产品信息。

二、策略思考

- 差异化体验：通过半封闭道路，提供不同于日常驾驶的体验，强调车辆的操控性与安全功效性。
- 情感连接：结合试驾体验，讲述品牌故事，增强参与者对品牌的认同感。
- 数据收集与分析：收集试驾反馈，分析潜在客户偏好，优化产品与营销策略。

三、活动规划

- 场地选择：选取符合安全标准的半封闭道路，如专业试驾场地或封闭赛道的非开放时段。
- 时间安排：选择周末或节假日，以便目标受众参与。
- 活动流程：
- 签到与安全讲解：参与者签到，专业人员讲解试驾规则与安全事项。
- 专业教练陪同试驾：每辆车都配置专业教练，指导并保障试驾安全。
- 性能体验环节：包括直线加速、弯道操控和紧急制动等。
- 互动环节：试驾后交流会，邀请参与者分享体验，并收集反馈。
- 嘉宾邀请：邀请汽车领域 KOL、行业媒体参与，以扩大影响力。

四、传播规划

- 前期预热：……
- 现场直播：……
- 后期报道：……

五、运营保障

- 安全措施：……
- 技术支持：……
- 后勤支持：……
- 数据收集与分析：……

第 15 章课后习题答案

1. 简要说明 AI 在互联网行业的内容创新包括哪几个方面。

答：AI 在互联网行业的内容创新包括如下两个方面。

（1）创意灵感激发。AI 不仅能够处理和分析现有数据，还能通过机器学习算法从海量信息中挖掘出潜在的创意点。通过模拟人类思维过程，AI 能够产生新颖的活动创意和概念，为活动策划人员提供灵感和启发，拓宽创意思路。

（2）实时内容优化。在活动执行过程中，AI 能够实时监测用户反馈和互动数据，并对活动内容进行实时优化。通过分析用户的行为模式和情感倾向，AI 可以及时调整活动策略，优化内容呈现方式，确保活动效果最大化。

2. 使用通义策划一个网络推广活动。

答：使用通义策划的网络推广活动如下。

提示词

请根据"搜索引擎营销"这一活动主题，制作一个网络推广活动的策划与执行方案，具体内容包括行业分析、营销策划、销售形式、推广发布、监测评估

通义

"搜索引擎营销"活动策划与执行方案

一、行业分析

- 市场规模：分析当前搜索引擎营销市场的总体规模，包括广告支出总额、主要参与者等。
- 发展趋势：探讨 SEM（Search Engine Marketing，搜索引擎营销）行业的发展趋势，比如移动搜索的增长、语音搜索的兴起等。
- 竞争对手：研究主要竞争对手的 SEM 策略，了解他们在关键词选择、广告创意等方面的细微差异。
- 目标客户：明确目标客户群体的特征，包括年龄、性别、兴趣爱好和消费习惯等。

二、营销策划

- 目标设定：确立具体的营销目标，如提高品牌知名度、增加网站流量以及提高转化率等。
- 关键词策略：根据目标客户的行为特征和搜索习惯，选择合适的关键词。
- 创意制作：设计吸引点击的广告创意，包括文字描述、图片和视频等元素。
- 着陆页优化：确保用户点击广告后到达的页面内容与广告信息高度相关，以提高转化效率。
- 预算分配：根据目标和预算限制，合理分配广告预算至各个关键词或广告组。

三、销售形式

- 付费搜索广告：通过搜索引擎的竞价排名机制投放广告。
- 展示广告：在合作伙伴网站上展示广告横幅或按钮。
- 再营销：针对曾经访问过网站但未转化的用户进行广告推送，以增加转化机会。
- 搜索引擎优化（Search Engine Optimization，SEO）：利用搜索引擎优化技术，提升在自然搜索结果中的排名。

四、推广发布

- 账户搭建：……
- 广告上线：……

- 渠道选择：……
- 测试与调整：……

五、监测评估
- 数据跟踪：……
- 效果评估：……
- 调整优化：……
- 报告生成：……

第16章课后习题答案

1. 简要谈谈 AI 在智能拍摄和创作方面对活动策划与执行的作用。

答：AI 以其智能化、自动化的特点，极大地提升了拍摄效率和创作质量，具体作用如下。

（1）AI 技术能够辅助摄影师进行智能拍摄。通过机器视觉和图像识别技术，AI 能够实时分析拍摄场景中的光线、色彩以及构图等要素，为摄影师提供精准的拍摄建议和参数调整建议。

（2）在后期制作阶段，AI 技术更是大显身手。通过智能剪辑、色彩校正和特效合成等手段，AI 能够快速完成大量烦琐的后期制作工作，从而提高制作效率。同时，AI 还能根据影片风格和情感需求，自动调整音效、配乐等元素，使影片更加生动感人。

（3）AI 还能通过人脸识别、语音识别等技术手段，实现影片中的自动化字幕生成和配音替换等功能，进一步提升影片的观赏体验。

2. 使用通义策划一个颁奖典礼活动。

答：使用通义策划的颁奖典礼活动如下。

提示词

请根据"金狮奖颁奖典礼"这一活动主题，制作一个颁奖典礼活动的策划与执行方案，具体内容包括活动背景、活动主题、活动安排、合作形式

通义

"金狮奖颁奖典礼"活动策划与执行方案

一、活动背景
- 历史沿革：介绍金狮奖的历史渊源，强调其在国际电影节中的地位，以及对电影艺术的贡献。

- 当前形势：分析当前电影行业的发展趋势，特别是在全球化背景下的国际合作与竞争。
- 目标定位：明确颁奖典礼的目标，如表彰优秀电影作品、促进文化交流、推动电影产业发展等。

二、活动主题
- 核心理念：确立颁奖典礼的主题，如"光影交汇·世界共赏"，强调电影作为全球语言的艺术魅力。
- 视觉设计：围绕主题设计颁奖典礼的Logo、宣传海报、邀请函等视觉元素。
- 文化融合：通过主题体现多元文化融合的理念，展现电影艺术无国界的特性。

三、活动安排
1. 前期准备
- 影片征集：面向全球征集参评作品，确保涵盖不同国家和地区的作品。
- 评委选拔：邀请业内知名人士组成评委会，确保评选的权威性和公正性。
- 场地选择：挑选能够容纳大量观众的场馆，并考虑其地理位置、交通便利性等因素。
- 宣传推广：通过多种渠道（如社交媒体、电视和网络等）进行广泛宣传，提高活动的知名度。

2. 典礼流程
- 红毯仪式：设置红毯环节，邀请明星、导演等走上红毯，接受媒体采访。
- 颁奖环节：按照奖项类别逐一揭晓获奖名单，并由获奖者发表获奖感言。
- 特别表演：安排精彩的文艺演出，如歌舞表演、乐队演奏等，以增加典礼的观赏性。
- 闭幕致辞：由重要嘉宾做闭幕致辞，总结活动意义，并展望未来。

3. 后期传播
- 媒体报道：……
- 网络直播：……
- 互动交流：……

四、合作形式
- 品牌赞助：……
- 媒体合作：……
- 文化机构合作：……
- 公益合作：……

第17章课后习题答案

1. 简要说明AI在教培行业中进行的跨平台活动整合策略。

答：AI在教培行业中进行的跨平台活动整合策略如下。

（1）AI能够帮助教培机构实现活动信息的智能分发与精准投放。通过分析学生的社交媒体行为、浏览记录等数据，AI可以精准定位目标受众，并在最合适的时机通过最合适的渠道推送活动信息。

（2）AI还能对跨平台活动的效果进行实时监测与评估。通过收集并分析学生在不同平台上的活动数据，AI能够快速识别出哪些平台、哪些类型的活动更受学生欢迎，从而为后续活动的策划与执行提供数据支持。

2. 使用智谱清言策划一个招生活动。

答：使用智谱清言策划的招生活动如下。

提示词

请根据"校友分享会"这一活动主题，制作一个招生活动的策划与执行方案，具体内容包括方案背景、讲座文化、目标群体、讲座主题和内容

智谱清言

"校友分享会"活动策划与执行方案

一、方案背景

随着社会竞争的日益激烈，校友资源已成为高校发展的重要力量。为了更好地搭建校友与在校生之间的交流平台，充分发挥校友的传帮带作用，提高我校学生的就业竞争力，我们特举办"校友分享会"招生活动。通过此次活动，让在校学生了解校友的奋斗历程和成功经验，激发学习热情，明确职业规划，从而为我校培养更多优秀人才。

二、讲座文化

- 主题：携手校友，共创未来。
- 宗旨：共享资源，传承精神，助力成长。
- 口号：聆听校友故事，启迪人生智慧。

三、目标群体

- 在校本科生、研究生。
- 各学院、各年级学生。
- 对校友经验分享感兴趣的社会人士。

四、讲座主题和内容

（1）讲座主题：校友分享会：梦想照亮现实，奋斗书写辉煌。

（2）讲座内容。

① 开场致辞（10分钟）：主持人介绍活动背景、目的及意义，并对到场嘉宾表示欢迎。

② 校友分享环节（100分钟）：邀请5~6位优秀校友，围绕以下主题进行分享。

- 校友个人简介及成长历程（10分钟）
……
- 校友所在行业现状及发展趋势（10分钟）
……
- 校友成功经验及心得体会（15分钟）
……
- 校友对在校生的建议和期许（5分钟）
……

每位校友分享完毕后，预留10分钟作为互动环节，以解答现场观众的提问。

③ 互动环节（30分钟）
……

④ 总结发言（10分钟）
……

第18章课后习题答案

1. 使用智谱清言策划一个博览会活动。

答：使用智谱清言策划的博览会活动如下。

提示词

请根据"国际农业展会"这一活动主题，制作一个博览会活动的策划与执行方案，具体内容包括参展目标、参展准备、展会落地内容、人员安排

智谱清言

"国际农业展会"活动策划与执行方案

一、参展目标

- 吸引国内外知名农业企业、科研机构和农业合作社等参展。
- 邀请国内外农业领域的专家、学者、企业家和经销商等参观洽谈。
- 签订合作协议，实现参展企业间的互利共赢。

二、参展准备

- 确定展会时间、地点：选择交通便利、设施完善的展览馆，避开节假日及重大

活动时间。
- 展区规划：根据参展企业的类型和产品特点合理划分展区，如种植区、养殖区、农产品加工区和农业科技区等。
- 参展企业招募：通过线上线下渠道发布参展邀请，并筛选符合条件的企业参与展览。
- 宣传推广：通过官方网站、社交媒体和行业媒体等渠道进行展会的前期宣传。
- 展会物资准备：制作展板、展架和宣传册等展会用品。

三、展会落地内容
- 开幕式：邀请政府领导、行业专家和参展企业代表致辞，宣布展会正式开幕。
- 展览展示：展示国内外农业企业的新技术、新产品和新成果。
- 论坛活动：举办农业产业发展论坛，邀请专家、企业家分享农业发展经验，探讨行业发展趋势。
- 商务洽谈：为参展企业提供洽谈区，促进企业间的合作与交流。
- 互动体验：设置农业科普区、亲子互动区，提高观众参与度。
- 优秀企业评选：评选出具有创新性、代表性的优秀企业，并予以表彰。

四、人员安排
- 招商团队：……
- 宣传团队：……
- 策划团队：……
- 展务团队：……
- 志愿者团队：……

2. 分析野小慧女性 AI 艺术展的活动执行策略。

答：野小慧女性 AI 艺术展的活动执行策略如下。

（1）女性视角的创新引领。在 AI 艺术领域率先提出"性别视角"的概念，利用女性艺术家的独特视角和创作逻辑，重新定义 AI 艺术的文化属性和价值导向。展览策划团队精心策划，确保从选题、征集到展示的全过程都紧密围绕女性主题展开。

（2）去中心化的参与模式。打破传统艺术展由精英主导的惯例，采用自下而上的参与模式，让非专业背景的人群也能成为艺术创作的主体和展示的对象。